Arbeitsblätter
Geschichte

# Der Nationalsozialismus

29 Arbeitsblätter mit
didaktisch-methodischen
Kommentaren

Sekundarstufe I

Claus Gigl

Ernst Klett Schulbuchverlag Leipzig
Leipzig   Stuttgart   Düsseldorf

Die Erlaubnis zum Kopieren der Arbeitsblätter im Klassensatz ist im Kaufpreis inbegriffen.

1. Auflage

1 ⁵ ⁴ ³ ² ¹ | 2008  2007  2006  2005  2004

© Ernst Klett Schulbuchverlag Leipzig GmbH, Leipzig 2004.
Alle Rechte vorbehalten.

Internetadresse: http://www.klett.de

Redaktion: form & inhalt verlagsservice Martin H. Bredol, Seeheim-Jugenheim
Herstellung und Umschlaggestaltung: Krystyna Müller
Satz: Oberberg, Seyde und Partner, Leipzig
Repro: Meyle & Müller, Pforzheim
Druck: Gutmann + Co. GmbH, 74388 Talheim
ISBN 3-12-927916-4

## M 1 Krisenstimmung in Deutschland – ein Mann sucht Arbeit (1929)

© bpk, Berlin

## M 2 Politische Auseinandersetzungen – Auseinandersetzungen auf der Straße

© bpk, Berlin

Der Text zu dieser Karikatur lautet: „Nach den Erfahrungen der letzten Tage ist verfügt worden, dass jeder Demonstrationszug seinen eigenen Leichenwagen mitzuführen hat."

(Aus: Simplicissimus, 1931)

## M 3 Die Entwicklung der Arbeitslosigkeit

| Jahr | abhängige Erwerbs-personen in Tsd. | Arbeitslose in Tsd. |
|------|-----------------------------------|---------------------|
| 1928 | 21 995 | 1 391 |
| 1929 | 22 418 | 1 899 |
| 1930 | 21 916 | 3 076 |
| 1931 | 20 616 | 4 520 |
| 1932 | 18 711 | 5 603 |
| 1933 | 18 540 | 4 804 |

(Aus: Dietmar Petzina u. a. (Hrsg.), Sozialgeschichtliches Arbeitsbuch, Band 3, München: Beck 1978, S. 119)

## M 4 Die Situation eines Arbeitslosen (1930)

Du hast eines Tages den berühmten „blauen Brief" erhalten; man legt auf deine Arbeitskraft kein Gewicht mehr, und du kannst dich einreihen in die „graue Masse" der toten Hände und überflüssigen Hirne. […] Man fragt dich aus, wo du in den letzten vier Jahren beschäftigt warst, du musst deinen Lebenslauf schreiben, den Besuch der Schulen angeben, schreiben, warum du entlassen worden bist usw. [...] Nach peinlicher Befragung erhältst du deine Stempelkarte und gehst damit los zur Erwerbslosenfürsorge. [...] Deine Unterstützung richtet sich nach deinem Arbeitsverdienst in den letzten 26 Wochen. Aber ganz gleich, ob du 8,80 Mk oder 22,05 Mk [Höchstsatz] als Lediger pro Woche erhältst,

die paar Pfennige sind zum Leben zu wenig und zum Sterben zu viel. 26 Wochen darfst du stempeln und Unterstützung beziehen, dann steuert man dich aus, und du kommst in die Krisenfürsorge, deren Sätze erheblich niedriger sind. Und nach weiteren 26 oder 52 Wochen erhältst du gar nichts mehr und gehörst zu den gänzlich Unterstützungslosen.

(Zit. nach: Arbeiter-Illustrierte Zeitung, Nr. 5, 1930)

## M 5   Die Regierungen der Weimarer Republik

| Beginn | Koalition | Kanzler |
|---|---|---|
| 13. Februar 1919 | SPD, Z, DDP | Philipp Scheidemann (SPD) |
| 21. Juni 1919 | SPD, Z | Gustav Bauer (SPD) |
| 27. März 1920 | SPD, DDP, Z | Hermann Müller (SPD) |
| 21. Juni 1920 | Z, DDP, DVP | Konstantin Fehrenbach (Z) |
| 10. Mai 1921 | SPD, Z, DDP | Josef Wirth (Z) |
| 26. Oktober 1921 | SPD, Z, DDP | Josef Wirth (Z) |
| 22. November 1922 | DVP, Z, DDP | Wilhelm Cuno (parteilos) |
| 13. August 1923 | SPD, Z, DDP, DVP | Gustav Stresemann (DVP) |
| 6. Oktober 1923 | SPD, Z, DDP, DVP | Gustav Stresemann (DVP) |
| 30. November 1923 | Z, DDP, DVP, BVP | Wilhelm Marx (Z) |
| 3. Juni 1924 | Z, DDP, DVP | Wilhelm Marx (Z) |
| 13. Januar 1925 | Z, BVP, DVP, DNVP | Hans Luther (parteilos) |
| 20. Januar 1926 | Z, DDP, DVP | Hans Luther (parteilos) |
| 13. Mai 1926 | Z, DDP, DVP | Wilhelm Marx (Z) |
| 29. Januar 1927 | Z, BVP, DVP, DNVP | Wilhelm Marx (Z) |
| 29. Juni 1928 | SPD, Z, BVP, DDP, DVP | Hermann Müller (SPD) |
| 30. März 1930 | Präsidialkabinett | Heinrich Brüning (Z) |
| 9. Oktober 1931 | Präsidialkabinett | Heinrich Brüning (Z) |
| 1. Juni 1932 | Präsidialkabinett | Franz von Papen (parteilos) |
| 3. Dezember 1932 | Präsidialkabinett | Kurt von Schleicher (parteilos) |
| 30. Januar 1933 | Präsidialkabinett | Adolf Hitler (NSDAP) |

**Parteien in der Weimarer Republik (Auswahl)**

**KPD**
Kommunistische Partei Deutschlands
**USPD**
Unabhängige Sozialdemokratische Partei Deutschlands
**SPD**
Sozialdemokratische Partei Deutschlands
**DDP**
Deutsche Demokratische Partei, später Deutsche Staatspartei
**Z**
Zentrum
**BVP**
Bayerische Volkspartei
**DVP**
Deutsche Volkspartei
**DNVP**
Deutschnationale Volkspartei
**NSDAP**
Nationalsozialistische Deutsche Arbeiterpartei

▶ **Aufgaben**
1. Auf welches Problem weist der Demonstrant (M 1) hin? Ziehe M 3 und M 4 bei deinen Überlegungen hinzu.
2. Entschlüssele die politischen Symbole, die die Karikatur (M 2) zeigt. Welche politischen Gruppierungen werden dargestellt, welche Aussage entnimmst du der Karikatur?
3. Welche Aussage macht M 5 über die Stabilität der Regierungen und die politische Entwicklung der Weimarer Republik?
4. Welche Gründe für den Untergang der Weimarer Republik hast du kennen gelernt? Stelle sie in einem Schaubild zusammen.

 © Ernst Klett Schulbuchverlag Leipzig GmbH, Leipzig 2004.
Alle Rechte vorbehalten. ISBN 3-12-927916-4

**M 1** **Hitlers Rassegedanke**

[…] Demgegenüber erkennt die völkische Weltanschauung die Bedeutung der Menschheit in deren rassischen Urelementen. Sie sieht im Staat prinzipiell nur ein Mittel zum Zweck und faßt als seinen Zweck die Erhaltung des rassischen Daseins der Menschen auf. Sie glaubt somit keineswegs an eine Gleichheit der Rassen, sondern erkennt mit ihrer Verschiedenheit auch ihren höheren oder minderen Wert und fühlt sich durch diese Erkenntnis verpflichtet, gemäß dem ewigen Wollen, das dieses Universum beherrscht, den Sieg des Besseren, Stärkeren zu fördern, die Unterordnung des Schlechteren und Schwächeren zu verlangen. Sie huldigt damit prinzipiell dem aristokratischen Grundgedanken der Natur und glaubt an die Geltung dieses Gesetzes bis herab zum letzten Einzelwesen. Sie sieht nicht nur den verschiedenen Wert der Rassen, sondern auch den verschiedenen Wert der Einzelmenschen. Aus der Masse schält sich für sie die Bedeutung der Person heraus. […] Sie glaubt an die Notwendigkeit einer Idealisierung des Menschentums, da sie wiederum nur in dieser die Voraussetzung für das Dasein der Menschheit erblickt. Allein sie kann auch einer ethischen Idee das Existenzrecht nicht zubilligen, sofern diese Idee eine Gefahr für das rassische Leben der Träger einer höheren Ethik darstellt; denn in einer verbastardierten und vernegerten Welt wären auch alle Begriffe des menschlich Schönen und Erhabenen sowie alle Vorstellungen einer idealisierten Zukunft unseres Menschentums für immer verloren.

Menschliche Kultur und Zivilisation sind auf diesem Erdteil unzertrennlich gebunden an das Vorhandensein des Ariers. […]

(Aus: Adolf Hitler, Mein Kampf, München: Eher 1936, S. 420 f.)

**M 2** **Die Bedeutung des Ariers . . .**

Würde man die Menschheit in drei Arten einteilen: in Kulturbegründer, Kulturträger und Kulturzerstörer, dann käme als Vertreter der ersten wohl nur der Arier in Frage. Von ihm stammen die Fundamente und Mauern aller menschlichen Schöpfungen und nur die äußere Form und Farbe sind bedingt durch die jeweiligen Charakterzüge der einzelnen Völker. Er liefert die gewaltigen Bausteine und Pläne zu allem menschlichen Fortschritt, und nur die Ausführung entspricht der Wesensart der jeweiligen Rassen. In wenigen Jahrzehnten wird zum Beispiel der ganze Osten Asiens eine Kultur sein eigen nennen, deren letzte Grundlage ebenso hellenischer Geist und germanische Technik sein wird, wie dies bei uns der Fall ist.

(Aus: Adolf Hitler, Mein Kampf, München: Eher 1936, S. 318)

Arbeitsblätter Geschichte
Der Nationalsozialismus

© Ernst Klett Schulbuchverlag Leipzig GmbH, Leipzig 2004.
Alle Rechte vorbehalten. ISBN 3-12-927916-4

**M 3** **. . . und des Juden**

Den gewaltigsten Gegensatz zum Arier bildet der Jude. Bei kaum einem Volke der Welt ist der Selbsterhaltungstrieb stärker entwickelt als beim sogenannten auserwählten. Als bester Beweis hierfür darf die einfache Tatsache des Bestehens dieser Rasse allein schon gelten. Wo ist das Volk, das in den letzten zweitausend Jahren so wenigen Veränderungen der inneren Veranlagung, des Charakters usw. ausgesetzt gewesen wäre als das jüdische? Welches Volk endlich hat größere Umwälzungen mitgemacht als dieses – und ist dennoch immer als dasselbe aus den gewaltigen Katastrophen der Menschheit hervorgegangen? Welch ein unendlich zäher Wille zum Leben, zur Erhaltung der Art spricht aus diesen Tatsachen! [...]
Als wesentliches Merkmal bei der Beurteilung des Judentums in seiner Stellung zur Frage der menschlichen Kultur muss man sich immer vor Augen halten, daß es eine jüdische Kunst niemals gab und dem gemäß auch heute nicht gibt, daß vor allem die beiden Königinnen aller Künste, Architektur und Musit, dem Judentum nichts Ursprüngliches zu verdanken haben. Was es auf dem Gebiete der Kunst leistet, ist entweder Verbalhornisierung oder geistiger Diebstahl. Damit aber fehlen dem Juden jene Eigenschaften, die schöpferisch und damit kulturell begnadete Rassen auszeichnen. [...]
Wahrscheinlich war auch der Arier erst Nomade und wurde im Laufe der Zeit seßhaft, allein deshalb war er doch niemals Jude! Nein, der Jude ist kein Nomade. [...] Sein Ausdehnen auf immer neue Länder erfolgt erst in dem Augenblick, in dem dort gewisse Bedingungen für sein Dasein gegeben sind, ohne daß er dadurch – wie der Nomade – seinen bisherigen Wohnsitz verändern würde. Er ist und bleibt der typische Parasit, ein Schmarotzer, der wie ein schädlicher Bazillus sich immer mehr ausbreitet, sowie nur ein günstiger Nährboden dazu einlädt. Die Wirkung seines Daseins aber gleicht ebenfalls der von Schmarotzern: wo er auftritt, stirbt das Wirtsvolk nach kürzerer oder längerer Zeit ab.

(Aus: Adolf Hitler, Mein Kampf, München: Eher 1936, S. 329 ff.)

**M 4** **Die Rolle des „Führers"**

Die beste Staatsverfassung und Staatsform ist diejenige, die mit natürlicher Sicherheit die besten Köpfe der Volksgemeinschaft zu führender Bedeutung und zu leitendem Einfluß bringt.
Wie aber im Wirtschaftsleben die fähigen Menschen nicht von oben zu bestimmen sind, sondern sich selbst durchzuringen haben und so wie hier die unendliche Schulung vom kleinsten Geschäft bis zum größten Unternehmen selbst gegeben ist und nur das Leben dann die jeweiligen Prüfungen vornimmt, so können natürlich auch die politischen Köpfe nicht plötzlich „entdeckt" werden. Genies außerordentlicher Art lassen keine Rücksicht auf die normale Menschheit zu.

Der Staat muß in seiner Organisation, bei der kleinsten Zelle der Gemeinde angefangen bis zur obersten Leitung des gesamtes Reiches, das Persönlichkeitsprinzip verankert haben. Es gibt keine Majoritätsentscheidungen, sondern nur verantwortliche Personen, und das Wort „Rat" wird wieder zurückgeführt auf seine ursprüngliche Bedeutung. Jedem Manne stehen wohl Berater zur Seite, allein die Entscheidung trifft ein Mann.
Der Grundsatz, der das preußische Heer seinerzeit zum wundervollsten Instrument des deutschen Volkes machte, hat in übertragenem Sinne dereinst der Grundsatz des Aufbaues unserer ganzen Staatsauffassung zu sein: Autorität jedes Führers nach unten und Verantwortlichkeit nach oben.

(Aus: Adolf Hitler, Mein Kampf, München: Eher 1936, S. 500 f.)

**M 5**  **Lebensraumpolitik**

**M 6**  **Charlie Chaplin als „Der große Diktator" (1940)**

Damit ziehen wir Nationalsozialisten bewußt einen Strich unter die außenpolitische Richtung unserer Vorkriegszeit. Wir setzen dort an, wo man vor sechs Jahrhunderten endete. Wir stoppen den ewigen Germanenzug nach dem Süden und Westen Europas und weisen den Blick nach dem Land im Osten. Wir schließen endlich ab die Kolonial- und Handelspolitik der Vorkriegszeit und gehen über zur Bodenpolitik der Zukunft.

Wenn wir aber heute in Europa von neuem Grund und Boden reden, können wir in erster Linie nur an Rußland und die ihm untertanen Randstaaten denken.

Das Schicksal selbst scheint uns hier einen Fingerzeig geben zu wollen. Indem es Rußland dem Bolschewismus überantwortete, raubte es dem russischen Volke jene Intelligenz, die bisher dessen staatlichen Bestand herbeiführte und garantierte.

(Aus: Adolf Hitler, Mein Kampf, München: Eher 1936, S. 742)

© defd, Hamburg

▶ **Aufgaben**

1. Worin besteht nach Hitler der „aristokratische Grundgedanke der Natur" (M 1)? Wem nützt diese Vorstellung, wem schadet sie?
2. Was unterscheidet nach Hitler Arier und Juden (M 2, M 3)?
3. Welche Rolle spielt in Hitlers Weltanschauung der „Führer" (M 4)?
4. Welche außenpolitischen Ziele der Nationalsozialisten sind in M 5 angesprochen?
5. Inwiefern karikiert Charlie Chaplin sowohl das Führer- als auch das Lebensraumprinzip (M 6)?
6. Welche Wörter oder Gedanken in M 1 bis M 5 missfallen dir? Warum hat Hitler sie wohl verwendet?
7. Fasse Hitlers Weltanschauung in einer Mindmap zusammen.

© Ernst Klett Schulbuchverlag Leipzig GmbH, Leipzig 2004.
Alle Rechte vorbehalten. ISBN 3-12-927916-4

## M 1    Hitlers Weggefährte Alfred Rosenberg äußert sich zum Hitler-Putsch

[…] Schließlich kam am 8. November um 11.30 Uhr Adolf Hitler zu mir in mein Zimmer und sagte zu mir: „Rosenberg, heute abend geht's los! Kahr hält seine Regierungsrede, und da fangen wir alle zusammen im ‚Bürgerbräu' ein. Wollen Sie mitkommen?" Ich antwortete ihm: „Selbstverständlich!" Es wurde abgemacht, dass der Führer mich in seinem Wagen am Abend abholen würde. […]

Ungefähr gegen 7.45 Uhr erschien dann Adolf Hitler in meinem Zimmer. Er war durchaus ernst und ruhig, wir setzten uns wortlos in seinen Wagen und fuhren zum ‚Bürgerbräukeller' hinaus. Der ganze Saal war dicht gefüllt, der Generalstaatskommissar sprach in monotoner Weise von seinen Plänen und Absichten. Hitler und ich standen am Eingang neben der Säule. Dort hatten wir Dr. Max von Scheubner-Richter bereits vorgefunden. Wir verharrten weitere zehn Minuten beim Anhören der Kahrschen Rede, als plötzlich die Tür mit einem großen Krach aufgerissen und ein Maschinengewehr von Schwerbewaffneten in den Saal gerollt wurde. Geschoben wurde dieses MG von dem aktiven Kriminalkommissar der bayerischen Polizei, Pg. Gerum, in feldgrauer Uniform. Das war das Zeichen zum Losschlagen.

Adolf Hitler und sein Begleiter Graf, Dr. von Scheubner-Richter und ich zogen unsere Pistolen aus der Tasche, entsicherten sie und gingen zu viert, Adolf Hitler voran, unter lautloser Stille zum Podium, auf dem der Generalstaatskommissar verstummt herumstand. Als Adolf Hitler das Podium bestieg, brandeten erregte Worte zu ihm empor, auch Angstrufe von denen, die das Maschinengewehr in ihrer Nähe erblickt hatten, so dass der Führer, um sich Ruhe zu verschaffen, einen Schuss in die Saaldecke abgab. Dann trat Ruhe ein.

Adolf Hitler sprach in leidenschaftlicher Weise von der Mission seiner Bewegung, voller Hoffnung, dass das, was ihn als erblindeten Soldaten in die Politik getrieben habe, nunmehr verwirklicht werden könne; er forderte alle Gutwilligen auf, mit der neuen Regierung zu arbeiten, um ein neues Deutschland der Freiheit aufrichten zu können. Es trat dann eine kurze Pause ein, in deren Verlauf Adolf Hitler mit von Kahr, General von Lossow und Oberst Seisser unterhandelte. Ministerpräsident von Knilling geleiteten wir beide bis zur Tür. Adolf Hitler sagte ihm: „Herr Ministerpräsident, es tut mir leid, Ihnen dies angetan zu haben, aber das Schicksal Deutschlands hat das notwendig gemacht." Knilling ging wortlos neben uns her und wurde dann weitergeführt.

(Aus: Horst Michaelis, Ernst Schraepler (Hrsg.), Ursachen und Folgen, Berlin: Dokumenten-Verlag o. J., Band 5, S. 431 f.)

## M 2    Plakat der Putschisten vom 5. November 1923

# Proklamation
## an das deutsche Volk!
### Die Regierung der Novemberverbrecher in Berlin ist heute für abgesetzt erklärt worden.
Eine
### provisorische deutsche Nationalregierung
### ist gebildet worden, diese besteht aus
## Gen. Ludendorff
## Ad. Hitler, Gen. v. Lossow
## Obst. v. Seisser

© Süddeutscher Verlag, München

## M 3    Die Marschierenden des 9. November

© ullstein bild, Berlin

 © Ernst Klett Schulbuchverlag Leipzig GmbH, Leipzig 2004. Alle Rechte vorbehalten. ISBN 3-12-927916-4

**M 4**    **Der Historiker Hans-Ulrich Thamer (1996) über Hitlers Haft in Landsberg**

Während seiner Haftzeit, aus der Hitler am 20. Dezember 1924 vorzeitig entlassen wurde, zerbrach die kaum organisierte und nun führerlose Bewegung in mehrere völkische Gruppierungen. Bei den Reichstagswahlen am 4. Mai 1924 erzielte die völkische Liste 1,9 Millionen Stimmen, am 7. Dezember 1924 nur noch 0,9 Millionen – ein Hinweis auf die einsetzende Stabilisierung der Republik nach dem Katastrophenjahr 1923, das bei den Maiwahlen 1924 noch nachgewirkt hatte.

Da Hitler sich an den völkischen Führungsstreitigkeiten nicht beteiligt hatte, konnte er nach seiner Entlassung wieder zum Sammelpunkt beim Wiederaufbau der NSDAP werden. Er hatte aus dem gescheiterten Putsch drei Konsequenzen gezogen: Zuerst ersetzte eine für die Zukunft angestrebte Legalitätstaktik den Gedanken an einen Putsch als Mittel der Machteroberung, ohne dass er damit der politischen Gewalt abschwor; der Massenmobilisierung und dem Weg über Wahlen räumte er lediglich Vorrang ein. Zweitens wurde die am 27. Februar 1925 neu gegründete NSDAP regional weit gefächert und auf Reichsebene straff organisiert. Sie sollte sich von anderen völkischen Gruppen strikt abgrenzen, die paramilitärische SA hatte sich der politischen Führung der Partei unterzuordnen und sollte vor allem der politischen Massenmobilisierung dienen. Drittens sollte die Partei zu einem bedingungslosen Instrument des Führerwillens geformt werden.

Seine Führungsrolle versuchte Hitler durch seine umfangreiche Programmschrift „Mein Kampf" zu sichern, mit deren Abfassung er im Sommer 1924 in Landsberg begonnen hatte. Der erste Band wurde 1925, der zweite 1927 veröffentlicht. Hier verdichteten sich die bisherigen ideologischen Versatzstücke zu einem geschlossenen Programm, dem sich Hitler bei aller Flexibilität in seiner Politik bis zu seinem Ende im Führerbunker mit dogmatischer Unbeirrbarkeit verpflichtet fühlte und das zugleich zum Bezugspunkt aller parteiinternen Rivalitäten wurde.

(Zit. nach: Nationalsozialismus I, Von den Anfängen bis zur Festigung der Macht, hrsg. von der Bundeszentrale für politische Bildung, Berlin 1996, S. 19)

**M 5**    **Vorwort Hitlers zu „Mein Kampf"**

Am 1. April 1924 hatte ich, auf Grund des Urteilsspruches des Münchner Volksgerichts von diesem Tage, meine Festungshaft zu Landsberg am Lech anzutreten.

Damit bot sich mir nach Jahren ununterbrochener Arbeit zum ersten Male die Möglichkeit, an ein Werk heranzugehen, das von vielen gefordert und von mir selbst als zweckmäßig für die Bewegung empfunden wurde. So habe ich mich entschlossen, in zwei Bänden nicht nur die Ziele unserer Bewegung darzulegen, sondern auch ein Bild der Entwicklung derselben zu zeichnen. Aus ihr wird mehr zu lernen sein als aus jeder rein doktrinären Abhandlung.

Ich hatte dabei auch die Gelegenheit, eine Darstellung meines eigenen Werdens zu geben, soweit dies zum Verständnis sowohl des ersten als auch des zweiten Bandes nötig ist und zur Zerstörung der von der jüdischen Presse betriebenen üblen Legendenbildung über meine Person dienen kann.

Ich wende mich dabei mit diesem Werk nicht an Fremde, sondern an diejenigen Anhänger der Bewegung, die mit dem Herzen ihr gehören und deren Verstand nun nach inniger Aufklärung strebt.

Ich weiß, daß man Menschen weniger durch das geschriebene Wort als vielmehr durch das gesprochene zu gewinnen vermag, daß jede große Bewegung auf dieser Erde ihr Wachsen den großen Rednern und nicht den großen Schreibern verdankt.

Dennoch muß zur gleichmäßigen und einheitlichen Vertretung einer Lehre das Grundsätzliche derselben niedergelegt werden für immer. Hierbei sollen diese beiden Bände als Bausteine gelten, die ich dem gemeinsamen Werke beifüge.

Landsberg am Lech,
Festungshaftanstalt.

Der Verfasser.

(Aus: Adolf Hitler, Mein Kampf, München: Eher 1936)

**M 6** **Der Historiker Hans Günther Hockerts (1993) berichtet vom Kult der Nazis um den 9. November**

9. November 1923: Eine Gewehrsalve der bayerischen Landespolizei beendet den Hitler-Putsch an der Feldherrnhalle. Drei Polizisten und 14 Putschisten bleiben tot liegen. In panikartiger Flucht läuft der Zug der Hitler-Anhänger auseinander. Zwei weitere Putschisten kommen bei der von Ernst Röhm angeführten Besetzung des Wehrbereichskommandos an der Ecke Schönfeldstraße/Ludwigstraße ums Leben.

Den Tod dieser 16 machte Hitler zum Mysterium. Er stilisierte den 9. November zum weihevollsten Tag und die Feldherrnhalle zum heiligsten Ort des braunen Kults. Während Ernst Röhm noch lange ganz nüchtern vom damaligen „Misserfolg" sprach, deutete Hitler den Fehlschlag des 9. November 1923 unverzüglich zum Sieg um. Anfangs, auch noch im Rahmen der Novemberfeier 1933, konnte man von ihm umständliche Begründungen hören wie die, der Putsch sei eine notwendige Bedingung für den anschließenden Legalitätskurs der Partei gewesen, dieser wiederum eine Voraussetzung für den Erfolg von 1933. Die pompösen Feiern von 1935 streiften solche Rechtfertigungen restlos ab. Seither rückte der „Opfertod" der 16 „Blutzeugen der Bewegung" wie ein „Passionsspiel" (Hans-Jochen Gamm) in das Zentrum der „nationalsozialistischen Heilsgeschichte" (Klaus Vondung). An keinem anderen Feiertag traten die Züge einer „politischen Religion" so deutlich hervor: Der 9. November wurde zum Angelpunkt einer Auferstehungs- und Erlösungsdramaturgie, deren Stoff die deutsche Geschichte war.

(Zit. nach: München – Hauptstadt der Bewegung, Ausstellungskatalog, München: Münchner Stadtmuseum 1993, S. 334)

▶ **Aufgaben**

1. Übertrage das Geschehen, das du aus M 1 und M 2 entnehmen kannst, auf die heutige Zeit und dein Bundesland. Wie stehst du dazu?
2. Warum zogen die Anhänger Hitlers am Tag nach dem Putsch, als dessen Scheitern schon offenkundig war, durch München (M 3)?
3. Wie wirken die Putschisten (M 3) auf dich?
4. Welche Folgen hatte der Putsch für Hitler und die NSDAP (M 4, M 5, M 6)? Welche Folgen hättest du erwartet?

**M 1** Blick vom Hotel Adlon auf den Fackelzug am Abend des 30. Januar 1933 in Berlin

© Deutsches Historisches Museum, Berlin

**M 2** Die Schülerin Melitta Maschmann erinnert sich an den 30. Januar 1933

Keine Parole hat mich je so fasziniert wie die von der Volksgemeinschaft. Ich habe sie zum ersten Mal aus dem Mund [einer] verkrüppelten und verhärmten Schneiderin gehört, und am Abend des 30. Januar bekam sie einen magischen Glanz. Die Art dieser ersten Begegnung bestimmte ihren Inhalt: Ich empfand, dass sie nur im Kampf gegen die Standesvorurteile der Schicht verwirklicht werden konnte, aus der ich kam, und dass sie vor allem den Schwachen Schutz und Recht gewähren musste. Was mich an dieses phantastische Wunschbild band, war die Hoffnung, es könnte ein Zustand herbeigeführt werden, in dem die Menschen aller Schichten miteinander leben würden wie Geschwister.

Am Abend des 30. Januar nahmen meine Eltern uns Kinder – meinen Zwillingsbruder und mich – mit in das Stadtzentrum. Dort erlebten wir den Fackelzug, mit dem die Nationalsozialisten ihren Sieg feierten. Etwas Unheimliches ist mir von dieser Nacht her gegenwärtig geblieben.

Das Hämmern der Schritte, die düstere Feierlichkeit roter und schwarzer Fahnen, zuckender Widerschein der Fackeln auf den Gesichtern und Lieder, deren Melodien aufpeitschend und sentimental zugleich klangen.

Stundenlang marschierten die Kolonnen vorüber, unter ihnen immer wieder Gruppen von Jungen und Mädchen, die kaum älter waren als wir. In ihren Gesichtern und in ihrer Haltung lag ein Ernst, der mich beschämte. Was war ich, die ich nur am Straßenrand stehen und zusehen durfte, mit diesem Kältegefühl im Rücken, das von der Reserviertheit der Eltern ausgestrahlt wurde? Kaum mehr als ein zufälliger Zeuge, ein Kind, das noch Jungmädchenbücher zu Weihnachten geschenkt bekam. Und ich brannte doch darauf, mich in diesen Strom zu werfen, in ihm unterzugehen und mitgetragen zu werden. […]

Irgendwann sprang plötzlich jemand aus der Marschkolonne und schlug auf einen Mann ein, der nur wenige Schritte von uns entfernt gestanden hatte. Vielleicht hatte er eine feindselige Bemerkung gemacht. Ich sah ihn mit blutüberströmtem Gesicht zu Boden fallen, und ich hörte ihn schreien. Eilig zogen uns die Eltern fort aus dem Getümmel, aber sie hatten nicht verhindern können, dass wir den Blutenden sahen. Sein Bild verfolgte mich tagelang. In dem Grauen, das es mir einflößte, war eine winzige Zutat von berauschender Lust: „Für die Fahne wollen wir sterben", hatten die Fackelträger gesungen. Es ging um Leben und Tod. Nicht um Kleider oder Essen oder Schulaufsätze, sondern um Tod und Leben. Für wen? Auch für mich? Ich weiß nicht, ob ich mir diese Frage damals gestellt habe, aber ich weiß, dass mich ein brennendes Verlangen erfüllte, zu denen zu gehören, für die es um Leben und Tod ging.

(Aus: Melitta Maschmann, Fazit, München: DTV 1979, S. 8 f.)

**M 3**    A. Paul Weber: Das Verhängnis (1932)

© AKG, Berlin

**M 4**    Aufruf der SPD zum 31. Januar 1933

**Arbeitendes Volk! Republikaner!**

Im Kabinett Hitler-Papen-Hugenberg ist die Harzburger Front wieder auferstanden.
Die Feinde der Arbeiterklasse, die einander bis vor wenigen Tagen auf das heftigste befehdeten, haben sich zusammengeschlossen zum gemeinsamen Kampf gegen die Arbeiterklasse, zu einer reaktionären, großkapitalistischen und großagrarischen Konzentration.

Die Stunde fordert die Einigkeit des ganzen arbeitenden Volkes zum Kampf gegen die vereinigten Gegner. Sie fordert Bereitschaft zum Einsatz der letzten und äußersten Kräfte.

Wir führen unseren Kampf auf dem Boden der Verfassung. Die politischen und sozialen Rechte des Volkes, die in Verfassung und Gesetz verankert sind, werden wir gegen jeden Angriff mit allen Mitteln verteidigen. Jeder Versuch der Regierung, ihre Macht gegen die Verfassung anzuwenden oder zu behaupten, wird auf den äußersten Widerstand der Arbeiterklasse und aller freiheitlich gesinnten Volkskreise stoßen. Zu diesem entschiedensten Kampf sind alle Kräfte bereitzuhalten.
Undiszipliniertes Vorgehen einzelner Organisationen oder Gruppen auf eigene Faust würde der gesamten Arbeiterklasse zum schwersten Schaden gereichen.

(Zit. nach: Geschichte der deutschen Arbeiterbewegung, hrsg. von einem Autorenkollektiv, Band 5, Berlin: Dietz 1966, S. 442)

**M 5** **Einschätzung Hitlers durch Vizekanzler Franz von Papen**

Papen nach der Ernennung Hitlers: „Wir haben uns Herrn Hitler engagiert … In zwei Monaten haben wir Hitler in die Ecke gedrückt, dass er quietscht."

(Zit. nach: Heinz-Dieter Schmid (Hrsg.), Fragen an die Geschichte, Bd. 4, Frankfurt: Hirschgraben 1979, S. 44)

**M 6** **Der Historiker Hagen Schulze zur „Machtergreifung" Hitlers**

Niemand zweifelte am Abend des 30. Januar 1933 daran, dass die Republik von Weimar tot war, aber von der Zukunft herrschten unterschiedliche Vorstellungen. Leidenschaftliche Erregung fand sich nur bei den Anhängern der nationalsozialistischen Partei, die diesen Tag feierten wie das Erscheinen des Messias. Die Öffentlichkeit dagegen verhielt sich weniger bewegt, als das die schnell anlaufende Propagandamaschinerie der neuen Regierung wahrhaben wollte […]
Man muss bedenken, […] dass es keine Erfahrung gab, auf die die Zeitgenossen im Jahr 1933 bei der Beurteilung des nationalsozialistischen Regimes zurückgreifen konnten. Der Zweite Weltkrieg und Auschwitz lagen noch im Dunkel der Zukunft, und die wenigen Menschen, die Hitlers Programmschrift *Mein Kampf* gelesen hatten, neigten dazu, das Gelesene nicht ernst zu nehmen – war es doch allgemeine Erfahrung, dass ideologische Grundsatzerklärungen eines, praktisches politisches Handeln aber etwas ganz anderes war. Im übrigen war die Wendung zum autoritären Regime nichts Unerhörtes. Seit 1930 hatte man sich daran gewöhnt, dass es eine parlamentarische Kontrolle der Politik kaum gab, und sah man sich in Europa um, dann erblickte man in den meisten Fällen Ähnliches. In den meisten europäischen Staaten regierten Diktatoren, und wo das nicht der Fall war, wie im Frankreich der Volksfront, da herrschte innenpolitische Unsicherheit, die nicht gerade für die Demokratie warb. Der Eindruck war verbreitet, dass in der großen Wirtschaftskrise die Demokratien abgewirtschaftet hatten, dass jetzt eine Zeit der starken Männer

gekommen sei – Italiens Mussolini stand dabei vor jedermanns Augen, ein Diktator, der selbst von Liberalen wie Theodor Wolff, Chefredakteur des „Berliner Tageblatts", und von Sozialisten wie Kurt Hiller offen bewundert wurde. Worin Hitler in der Öffentlichkeit völlig falsch eingeschätzt wurde, das war, dass er eben kein Politiker, sondern Ideologe und Revolutionär war, dass die herkömmlichen Kategorien der europäischen Politik ihm fremd und gleichgültig waren und dass er letzten Endes nur ein Ziel besaß: die Errichtung der Weltherrschaft einer überlegenen Rasse auf den Knochen der Unterlegenen – und dass er dieses Ziel stets und fanatisch, wenn auch oft hinter einem Schleier taktischer Manöver, im Auge behielt.

(Aus: Hagen Schulze, Kleine deutsche Geschichte, München: C. H. Beck 1996, S. 197 f.)

**M 7** **„Die Hitler-Bewegung"** **(Amsterdam 1933)**

Aus: Reinhard Hippen: Satire gegen Hitler. Pendo Verlag, Zürich 1986, S. 72

▶ **Aufgaben**
1. Was fasziniert Melitta Maschmann an den Nationalsozialisten (M 1, M 2)?
2. Wie deutet sich das „Verhängnis", das A. Paul Weber in seiner Karikatur ( M 3) darstellt, schon am 30. Januar 1933 an (M 1, M 2)?
3. Ist die Aussage Papens angesichts der Minister des Kabinetts Hitler für dich nachvollziehbar? (M 5)?
4. Was fordert die SPD (M 4)? Ist ihre Forderung nachvollziehbar? Vergleiche dazu auch M 6.
5. Welche Einschätzung Hitlers und seiner Partei kommt in der Zeichnung (M 7) zum Ausdruck?

© Ernst Klett Schulbuchverlag Leipzig GmbH, Leipzig 2004.
Alle Rechte vorbehalten. ISBN 3-12-927916-4

## M1  Der Reichstag brennt (27. Februar 1933)

© bpk, Berlin

## M2  Die Nazis reagieren sofort mit Plakaten ...

**Der Reichstag in Flammen!**

**Von Kommunisten in Brand gesteckt!**

So würde das ganze Land aussehen, wenn der Kommunismus und die mit ihm verbündete Sozialdemokratie auch nur auf ein paar Monate an die Macht kämen!

Brave Bürger als Geiseln an die Wand gestellt! Den Bauern den roten Hahn aufs Dach gesetzt!

Wie ein Aufschrei muß es durch Deutschland gehen:

**Zerstampft den Kommunismus!**

**Zerschmettert die Sozialdemokratie!**

**Wählt Hitler Liste 1**

© Langewiesche-Brandt Verlag, Ebenhausen

## M3  ... und schon am 28. Februar 1933 mit der „Verordnung zum Schutz von Volk und Staat" (Reichstagsbrandverordnung)

Auf Grund des Artikels 48 Abs. 2 der Reichsverfassung wird zur Abwehr kommunistischer staatsgefährdender Gewaltakte Folgendes verordnet:

§ 1. Die Artikel 114, 115, 117, 118, 123, 124 und 153 der Verfassung des Deutschen Reichs werden bis auf weiteres außer Kraft gesetzt. Es sind daher Beschränkungen der persönlichen Freiheit, des Rechts der freien Meinungsäußerung, einschließlich der Pressefreiheit, des Vereins- und Versammlungsrechts, Eingriffe in das Brief-, Post-, Telegraphen- und Fernsprechgeheimnis, Anordnungen von Haussuchungen und von Beschlagnahmen sowie Beschränkungen des Eigentums auch außerhalb der sonst hierfür bestimmten gesetzlichen Grenzen zulässig.

§ 2. Werden in einem Lande die zur Wiederherstellung der öffentlichen Sicherheit und Ordnung nötigen Maßnahmen nicht getroffen, so kann die Reichsregierung insoweit die Befugnisse der obersten Landesbehörde vorübergehend wahrnehmen.

§ 3. Die Behörden der Länder und Gemeinden (Gemeindeverbände) haben den auf Grund des §2 erlasse-

nen Anordnungen der Reichsregierung im Rahmen ihrer Zuständigkeit Folge zu leisten.

§ 4. Wer den von den obersten Landesbehörden oder den ihnen nachgeordneten Behörden zur Durchführung dieser Verordnung erlassenen Anordnungen oder den von der Reichsregierung gemäß § 2 erlassenen Anordnungen zuwiderhandelt oder wer zu solcher Zuwiderhandlung auffordert oder anreizt, wird, soweit nicht die Tat nach anderen Vorschriften mit einer schwereren Strafe bedroht ist, mit Gefängnis nicht unter einem Monat oder mit Geldstrafe von 150 bis 15 000 Reichsmark bestraft.

(Aus: Reichsgesetzblatt 1933 I, S. 83)

### M 4 Amtliche Mitteilung des „Preußischen Pressedienstes"

Am Montag abend brannte der Deutsche Reichstag. Der Reichskommissar für das Preußische Ministerium des Innern, Reichsminister Göring, verfügte sofort nach seinem Eintreffen an der Brandstelle sämtliche Maßnahmen und übernahm die Leitung aller Aktionen. Auf die ersten Meldungen von dem Brande trafen auch Reichskanzler Adolf Hitler und Vizekanzler von Papen ein.

Es liegt zweifelsfrei die schwerste bisher in Deutschland erlebte Brandstiftung vor. Die polizeiliche Untersuchung hat ergeben, dass im gesamten Reichstagsgebäude vom Erdgeschoss bis zur Kuppel Brandherde angelegt worden waren. [...]

Diese Brandstiftung ist der bisher ungeheuerlichste Terrorakt des Bolschewismus in Deutschland. Unter den Hunderten von Zentnern Zersetzungsmaterial, das die Polizei bei der Durchsuchung des Karl-Liebknecht-Hauses* entdeckt hat, fanden sich die Anweisungen zur Durchführung des kommunistischen Terrors nach bolschewistischem Muster.

Hiernach sollen Regierungsgebäude, Museen, Schlösser und lebenswichtige Betriebe in Brand gesteckt werden. [...] Durch die Auffindung dieses Materials ist die planmäßige Durchführung der bolschewistischen Revolution gestört worden. Trotzdem sollte der Brand des Reichstages das Fanal zum blutigen Aufruhr und zum Bürgerkrieg sein. [...]

_____

_* Parteizentrale der KPD_

(Zit. nach: W. Michalka (Hrsg.), Deutsche Geschichte 1933–1945. Frankfurt/Main: Fischer 1994, S. 20)

### M 5 Darstellung in einem Geschichtslexikon

**Reichstagsbrand**

Am Abend des 27. Februar 1933 brannte das Reichstagsgebäude in Berlin. Es war Brandstiftung. Am Tatort wurde ein Holländer, Marinus van der Lubbe, festgenommen. Er bestritt, Mittäter gehabt zu haben.

Die Nationalsozialisten beschuldigten sofort die Kommunisten, den Brand gelegt zu haben – als Signal zum Aufstand gegen die neuen Machthaber. Hitler nutzte die Stunde und ließ schon am 28. Februar durch den Reichspräsidenten die „Verordnung zum Schutz von Volk und Staat" herausgeben, die sogenannte Reichstagsbrandverordnung. Durch sie wurden praktisch alle politischen Grundrechte der Weimarer Verfassung „bis auf weiteres" außer Kraft gesetzt. Eine Welle von Verhaftungen, vor allem kommunistischer Funktionäre und Reichstagsabgeordneter, setzte ein, die kommunistische Presse wurde verboten, zeitweise auch die sozialdemokratische.

In dem späteren Reichstagsbrandprozess konnte eine Mitschuld kommunistischer Agenten nicht nachgewiesen werden, die angeklagten Kommunistenführer mussten freigesprochen werden. Nach wie vor aber bestehen Zweifel an der These der Alleintäterschaft des Holländers, der zum Tode verurteilt und hingerichtet wurde. Der naheliegende Verdacht, dass die Nationalsozialisten selbst den Brand gelegt haben könnten, um sich – vor den Reichstagswahlen – eine Handhabe zum Vorgehen gegen die KPD zu verschaffen, war unterschwellig sofort vorhanden, konnte aber während der nationalsozialistischen Herrschaft öffentlich nicht geäußert werden. Auch spätere Nachforschungen haben die Schuldfrage nicht eindeutig erhellen können.

(Aus: Helmut M. Müller, Schlaglichter der deutschen Geschichte. Mannheim: Bibliographisches Institut 1986, S. 263 f.)

▶ **Aufgaben**

1. Was ist geschehen? Wie regieren die Passanten (M 1), wie die Nationalsozialisten (M 2, M 3, M 4) auf das Ereignis?
2. Was weiß man im Nachhinein über die Ereignisse (M 5)? Wie kann man die Reaktion der NSDAP erklären?

**M 1**   Der „Tag von Potsdam" in der NS-Presse

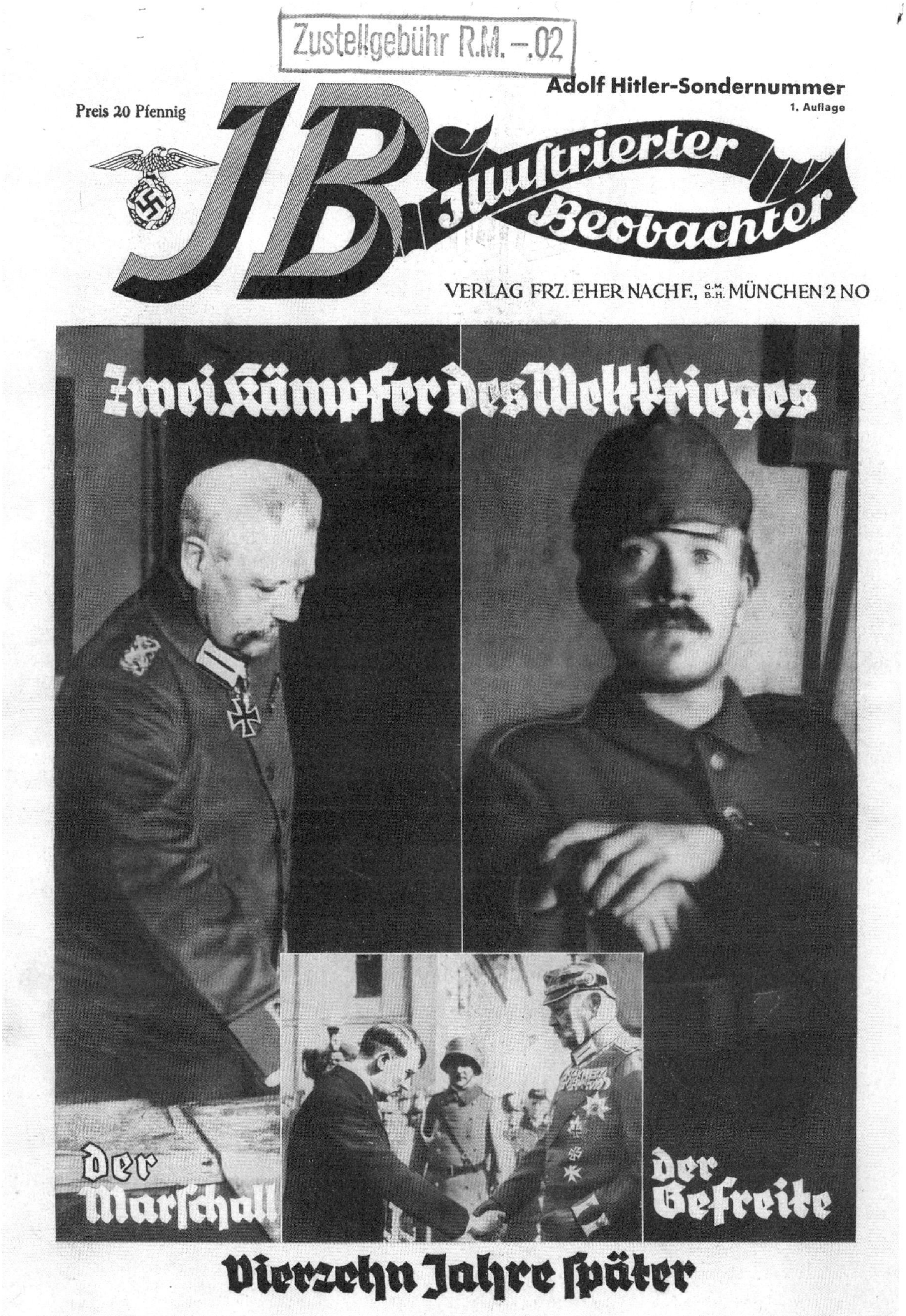

© Claus Gigl, Moosburg

**M 2**   Titelblatt des „Völkischen Beobachters" vom 22. März 1933

© Claus Gigl, Moosburg

**M 3**   Ein Teilnehmer schildert die Ereignisse

21. März – Frühlingsanfang; 21. März 1933 – Frühlingsanfang im neuen Reich. In Potsdam läuten die Glocken, hier versammeln sich in der Garnisonkirche die neugewählten Abgeordneten zur feierlichen Eröffnung des Reichstages. Im Staate Adolf Hitlers wird der Geist des Preußenkönigs, den die Geschichte den Großen nennt, wieder lebendig. In der Kirche, in der seine Gebeine ruhen, wird nun der Grundstein gelegt zum Dritten Reich.

Schon einmal am 21. März wurde ein deutscher Reichstag eröffnet: der Eiserne Kanzler, Fürst Bismarck, eröffnete den ersten Reichstag des zweiten Reiches am 21. März 1871. Und wieder ist es ein Kanzler von geschichtlicher, ja man wird sagen von weltgeschichtlicher Größe, auf den heute sich aller Aufmerksamkeit richtet, der deutsche Volkskanzler Adolf Hitler.

Zu Hunderttausenden drängen sich die Menschen in der alten Residenzstadt Potsdam. Nicht nur aus Potsdam und Berlin, aus allen Teilen des Reiches sind Volksgenossen herbeigeeilt, um dem geschichtlichen Ereignis nahe zu sein und die ersten Männer des Staates sehen zu können. Alle andern aber, die nicht hier sein können, lauschen am Rundfunk dem großen Geschehen. Während der feierlichen Stunde ruht in den Geschäften und Betrieben die Arbeit. Auch der Schulunterricht ist ausgefallen, und die Schulklassen in ganz Deutschland haben sich um die Rundfunkgeräte geschart, um auf diese Weise an dem ersten großen Staatsfeiertag teilzuhaben. […]

Nun erhellt sich der Himmel, strahlend scheint die Sonne auf den Feiertag der Nation. Unendlicher Jubel hallt aus den Straßen, denn jetzt begibt sich der Reichspräsident aus der Nikolai- zur Garnisonkirche, und an der Spitze der Reichsregierung schreitet Adolf Hitler durch lebende Mauern von Menschen, die nicht müde werden,

ihm durch Heilrufe und Fahnenschwenken zu huldigen. An manchen Stellen vermag die Polizei kaum, ihm einen Weg durch die begeisterten Menschen zu bahnen, die herandrängen, um einen Blick des Führers zu erhaschen.

Das Geläut der Glocken von Potsdam geleitet unsere Staatsmänner und segnet den Mann, ohne den dieser große und einzigartige Tag der Geschichte unseres Volkes nicht gekommen wäre. Von fern heran klingt das Lied der Deutschen auf und wird von der Masse näher und näher getragen, bis auch zu der Garnisonkirche sein wuchtiger Klang emporbrandet: „Deutschland, Deutschland über alles, über alles in der Welt."

Gemeinsam betreten der Reichspräsident und der Reichskanzler das Gotteshaus. Die Kronleuchter flammen auf, und stehend, in feierlicher Stille, empfängt der versammelte Reichstag die führenden Männer des Reiches, durchdrungen von der Größe und Einmaligkeit des Augenblicks. Das Orgelspiel braust auf und ergießt sich über alle Sender ins deutsche Land, in die Herzen der Millionen und Abermillionen. Ganz Deutschland ist Zeuge dieser Stunde.

(Aus: Erich Beier-Lindhardt, Der Führer regiert, Langensalza: Beltz 1935, S. 24 f.)

▶ **Aufgaben**

1. Welche Stimmung soll durch das Titelblatt des „Illustrierten Beobachters" (M 1) vermittelt werden?
2. Wie wirkt die Titelseite der NS-Parteizeitung „Völkischer Beobachter" (M 2) auf die Leser?
3. Warum sprechen Historiker heute von einer „Inszenierung" des „Tags von Potsdam" (M 3)? Was wurde durch diese „Inszenierung" bezweckt?

**M 1** **Der Weg in die Diktatur**

| | | |
|---|---|---|
| 30. Januar 1933 | „Machtergreifung" | Einsetzung Hitlers als Reichskanzler durch Hindenburg; nur 3 Nationalsozialisten im Kabinett, „Zähmungskonzept" von Papens. |
| 28. Februar 1933 | Reichstagsbrandverordnung | Aufhebung der Grundrechte, staatliche Willkürherrschaft wird möglich. |
| 21. März 1933 | Tag von Potsdam | Hitler stellt sich als gemäßigter Politiker dar. |
| 24. März 1933 | Ermächtigungsgesetz | Aufhebung des Parlamentarismus, Gesetzgebungskompetenz für die Regierung (auch für Verfassungswidriges), befristet auf 4 Jahre (wurde bis zum Ende des Dritten Reiches immer wieder fristgerecht verlängert), Aufhebung der Gewaltenteilung. |
| ab 31. März 1933 | Gleichschaltung der Länder | Länderparlamente werden entsprechend der letzten Reichstagswahl umgebildet, Aufhebung des Föderalismus, Einsetzung von „Reichsstatthaltern". |
| 11. April 1933 | „Säuberungen" im Beamtenapparat | „Gesetz zur Wiederherstellung des Berufsbeamtentums", Entfernung aller jüdischen, sozialdemokratischen, kommunistischen und betont christlichen Beamten; Ziel: Druck auf die Bevölkerung. |
| 2. Mai 1933 | Auflösung der Gewerkschaften | Teilnahme Hitlers an den Feierlichkeiten zum „Tag der Arbeit", Auflösung der Gewerkschaften und der Arbeitgeberverbände, Gründung der Deutschen Arbeitsfront (DAF). |
| 14. Juli 1933 | Deutschland wird Einparteienstaat | NSDAP wird per Gesetz zur einzigen deutschen Partei. |
| 30. Juli 1934 | „Säuberung" in der NSDAP | SA unter Ernst Röhm fordert mehr Mitspracherechte (da sie sich als Weggefährten Hitlers aus frühen Jahren fühlten); Röhm träumt von einem Volksheer unter seiner Führung, das die Reichswehr und die SS einschließen würde; sog. Röhm-Putsch, Aufstieg der SS beginnt. |
| 2. August 1934 | Tod Hindenburgs | Hitler ersetzt Hindenburg, er wird per Gesetz auch Reichspräsident (eine nachträgliche Volksabstimmung legalisiert dies); Hitler nennt sich nun „Führer und Reichskanzler"; Vereidigung der Soldaten auf Hitler. |

**Nationalsozialistische Diktatur in vollem Umfang möglich**

© Ernst Klett Schulbuchverlag Leipzig GmbH, Leipzig 2004.
Alle Rechte vorbehalten. ISBN 3-12-927916-4

## M1 Hitler über Jugenderziehung

Diese Jugend, die lernt ja nichts anderes als deutsch denken, deutsch handeln. Die Knaben kommen vom Jungvolk in die Hitler-Jugend, und dort behalten wir sie wieder vier Jahre und dann geben wir sie erst recht nicht zurück in die Hände unserer alten Klassen- und Standeserzeuger, sondern dann nehmen wir sie sofort in die Partei oder in die Arbeitsfront, in die SA oder in die SS, in das NSKK und so weiter. Und wenn sie dort [...] noch nicht ganz Nationalsozialisten geworden sein sollten, dann kommen sie in den Arbeitsdienst und werden dort wieder sechs und sieben Monate geschliffen. Und was dann noch an Klassenbewusstsein oder Standesdünkel da oder da noch vorhanden sein sollte, das übernimmt die Wehrmacht. Und dann nehmen wir sie, damit sie auf keinen Fall rückfällig werden, sofort wieder in SA, SS und so weiter. Und sie werden nicht mehr frei, ihr ganzes Leben. [...]

(Aus: Völkischer Beobachter, 4.12.1938; zit. nach: W. Michalka (Hrsg.), Deutsche Geschichte 1933–1945, Frankfurt/Main: Fischer 1994, S. 91)

## M2 Verführung der Jüngsten

© Keystone, Hamburg

## M3 Die Anziehungskraft der HJ

Die HJ, bis 1933 ein vergleichsweise nicht sehr bedeutender Jugendverband, sammelte und integrierte [...] nach der Machtergreifung, d.h. auf der Basis der ihr vom NS-Staat verschafften *Monopolstellung*, Potentiale, die andere Jugendorganisationen und Jugendbünde ihr vor 1933 gewissermaßen bereitgestellt hatten.

Die HJ knüpfte zunächst an eine Jugendmentalität an, die nicht auf ihrem eigenen Boden, sondern auf dem der *Jugendbewegung* in all ihren Ausformungen gewachsen war. Ein vages Bedürfnis nach der „Einheit der Jugend", nach einer Abkehr von der konventionellen Politik „der Alten", nach dem „Aufbruch der jungen Generation", der zugleich „Erneuerung der Nation" bedeuten sollte, war in den Jahren vor 1933 bei den „bewegten" jungen Leuten fast durchweg verbreitet, bis weit in die konfessionellen Jugendverbände und zum Teil auch bis in die Arbeiterjugendbewegung hinein. Hier konnte die HJ ein bereits erschlossenes Terrain besetzen und ausweiten – und sie musste es, vom Herrschaftsanspruch des Faschismus her betrachtet, besetzen, weil sich hier sonst andere Strömungen hätten entwickeln können. [...]

Die Leitbilder, unter denen nach 1933 die HJ die Gesamtheit der Jugend für sich gewinnen wollte, hatten für große Teile der Bündischen Jugend und vielfach auch in den konfessionellen Jugendverbänden, in der Turnerjugend usw. schon vor 1933 Geltung; „Führer und Gefolgschaft", „Blut und Boden", „Nation und Sozialismus", „Volksgemeinschaft", „soldatische Tugenden" – das waren ideologische Standards in weiten Teilen der organisierten Jugend der Endphase der Weimarer Republik, mehrdeutig sicherlich, aber eben deshalb für die HJ später so erfolgreich verwendbar. Die Anziehungsfähigkeit dieser Leitbilder lag darin, dass sich mit ihnen die von der Jugendbewegung entwickelten Formen gruppierter Geselligkeit, also Räume jugendlicher Lebensweise abseits der Erwachsenengesellschaft verbinden ließen.

(Aus: Arno Klönne, Hitler-Jugend und Jugendopposition im Dritten Reich; in: „Politik und Zeitgeschichte", B 4/5 vom 29.1.1983, S. 18 f.)

**M 4** **Gemeinschaft bei Tag und am Abend**

© Süddeutscher Verlag, München

**M 5** **Was faszinierte die Jugendlichen an der Hitler-Jugend?**

Mit dreizehn hatte ich es geschafft: Ich wurde ‚Jungzugführer' in einem Dörflein, wo es nur zwölf Pimpfe gab. Beim Sport und beim Geländespiel vertrugen wir uns prächtig, und wenn ich zum Dienstschluss mein ‚dreifaches Sieg Heil auf unseren geliebten Führer Adolf Hitler' ausrief, strahlten die Augen ‚meiner Kameraden'. Doch der befohlene ‚Ordnungsdienst' langweilte sie. Eines Tages muckten sie auf. Nun war die Reihe an mir zu treten. Nach Dienstschluss um sechs Uhr abends knöpfte ich mir (um in Jargon jener Jahre zu reden) die drei ärgsten ‚Rabauken' vor und ‚schliff sie nach Strich und Faden': ‚Hinlegen – auf', ‚An die Mauer – marsch – marsch', ‚Zurück – marsch – marsch', ‚Tiefflieger von links', ‚von rechts', ‚von links', ‚zehn Liegestützen', ‚fünfzehn Liegestützen', ‚zwanzig' – so in immer schnelleren Wechseln. Ich brauchte nur zu brüllen, den Daumen auf und ab zu bewegen und die Liegestützen zu zählen, ganz so, wie ich es als Sechsjähriger schon beim Strafexerzieren des Reichsarbeitsdienstes mitangesehen hatte. Die armen Kerle stöhnten, schwitzten, schnappten nach Luft – aber sie gehorchten. Ihr (Eigen-) Wille war gebrochen.

(Aus: Hermann Glaser, Axel Silenius (Hrsg.), Jugend im Dritten Reich, Frankfurt/Main: Tribüne Verlag 1975, S. 90)

**M 6** **Aussagen von Zeitzeugen**

Ich bin damals eben mitgelaufen, weil es schön war. Anfangs war es für die Jugendlichen so etwas wie „action".
*Robert Oppenländer, Jahrgang 1923*

Es wurde das Gefühl vermittelt, für die Gemeinschaft, für das Volk oder für den Führer zu sterben, das sei eigentlich das Höchste im Leben.
*Hans-Jochen Vogel, Jahrgang 1926*

Sie haben uns verführt zu ihren Zwecken, wir haben aber gern mitgemacht. Viele wie ich haben sich überhaupt nicht dagegen gewehrt, haben keinen Grund gesehen, sich zu wehren und sind dann wieder, indem sie Führer waren, Verführer der anderen gewesen.
*Erich Loest, Jahrgang 1926*

Er war eigentlich fast ein Heiliger. Auf den Führer ließ man nichts kommen. Und ich weiß noch, wenn ich meinen Dienst beendet hatte – das endete jedes Mal mit einem dreifachen „Sieg Heil" auf unseren über alles geliebten Führer Adolf Hitler. Das war auch so, wie man das sagte – ihn liebte man mehr als die eigenen Eltern.
*Karl-Heinz Janßen, Jahrgang 1930*

(Aus: Guido Knopp, Hitlers Kinder, München: Bertelsmann 2000, S. 14, 19, 46)

## M 7  Hitler fasziniert die Jugend

© Süddeutscher Verlag, München

## M 9  Eine BdM-Führerin berichtet

Ich wollte führen, das hieß: Sie sollten antreten und marschieren, Lieder lernen, basteln, politisch geschult, sportlich trainiert, im Stegreifspiel geübt und für kriegswichtige Arbeiten engagiert werden. Dies war meine Aufgabe.

Aber diese Aufgabe hatte für mich auch noch eine andere Seite.

Ich erkannte bald, dass mir hier Kinder anvertraut waren, die vorwiegend aus jenen muffigen Häusern der Innenstadt stammten, in denen Mama als Fürsorgerin einst aus- und eingegangen war, und die ich an ihrer Hand damals mitgerochen hatte.

Nur wenige andere Mädel waren dabei, Oberschülerinnen aus den guten Geschäftshäusern der Kaufstraßen. Denen verlangte ich von Anfang an mehr Einsatz und Pflicht ab. Die meisten Kinder aber waren arm. Viele waren häuslich stark vernachlässigt. Nicht alle hatten Väter, die für die Familie sorgten. Die meisten von ihnen bewohnten mit der ganzen Familie nicht mehr als ein bis zwei Zimmer. So merkte ich rasch, dass es da mehr zu betreuen gab, als zu führen. Das versuchte ich jetzt mit dem ganzen Feuereifer meiner dreizehn Jahre.

(Aus: Renate Finckh, Mit uns zieht die neue Zeit, Baden-Baden: Signal Verlag 1978, S. 118 f.)

## M 8  Beim „Tag der deutschen Schule" in Berlin (13. September 1934)

© Süddeutscher Verlag, München

© Ernst Klett Schulbuchverlag Leipzig GmbH, Leipzig 2004.
Alle Rechte vorbehalten. ISBN 3-12-927916-4

### M 10 Jugendliche Soldaten auf dem Weg in die amerikanische Gefangenschaft

Aus: G. Knopp: Hitlers Kinder. Bertelsmann, München 2000, S. 344

### M 11 Der Reichsjugendführer Baldur von Schirach preist das Lagerleben ...

Das *Lager* ist die idealste Form des Jungenlebens. Im Lager wird in Zelten (vereinzelt auch in Baracken) geschlafen. Es wird eine Lagerfahne gehisst, Wachen werden ausgestellt und Jungen bestimmt, die die Verpflegung übernehmen. Der Tagesplan sieht vor: Gymnastik, Turnen und Sport, weltanschauliche Schulung, gemeinsames Singen. Wer ein paar Wochen solchen HJ-Lagerlebens mitgemacht hat, hat etwas gewonnen, woran er sein ganzes Leben zurückdenkt. Ob es in den bayerischen Bergen oder in den thüringischen Wäldern war oder gar an der See, er vergisst nie den Zauber des vollkommenen Gelöstseins von allem städtischen Leben und von aller bürgerlichen Form. Er denkt an den riesigen Holzstoß, der in prasselnden Flammen verbrannte, und wie er und seine Kameraden im Kreis darum saßen und in das Feuer starrten. Ob er in einer Wolldecke schlief, während der Wind den Regen gegen die Zeltwand peitschte, oder ob er in glühender Sonne durch einen einsamen Flusslauf schwamm, immer war es ein unvergängliches und herrliches Erlebnis, das ihn nie im Stich lassen wird. Muttersöhnchen lernen im Lager Selbstständigkeit, Schwächlinge werden gekräftigt. Das Lager ist der schönste Traum einer Jugend.

(Aus: Baldur von Schirach, Hitler-Jugend, Leipzig: Köhler und Amelang 1934, S. 107)

### M 12 ... und die Bedeutung der Hitler-Jugend

Die HJ ist eine *weltanschauliche Erziehungsgemeinschaft*. Wer in der HJ marschiert, ist keine Nummer unter Millionen, sondern Soldat einer Idee. [...] Unsere Weltanschauung ist eine Sache des Herzens. Für uns ist das Gefühl mehr als der Verstand. *Ein Arbeiterjunge, dessen Herz heiß für unsern Führer schlägt, ist für Deutschland wesentlicher als ein hochgebildeter Ästhet, der jede Regung seines schwächlichen Gefühls mit verstandesmäßigen Überlegungen bekämpft.* Er wird in der Stunde der Not unseres Vaterlandes bestimmt nicht wissen, wo er hingehört, wird immer außerhalb der Gemeinschaft stehen, weil er nicht die Kraft hat, die Gemeinschaft zu erleben. Für ihn ist der Marschrhythmus unserer Jungen etwas Unverständliches und Unnötiges. Unsere Begeisterung scheint ihm unverständlich. Er ist vielleicht reich an Geist, aber arm an Gemüt, und das herrliche Gefühl unserer Kameradschaft, das man in Worten nicht auszudrücken vermag, kann von ihm nie mit seiner Bücherweisheit errungen werden. Trotz alledem: zu unserem Fühlen und Wollen gehört auch das *Wissen und Können*.

Was der Hitlerjunge in seiner Kameradschaft lernen muss, wird ihm nicht von weltfremden Theoretikern beigebracht. Die Schulung der HJ wird von Kameraden gestaltet, die aus den Reihen der HJ und aus den Kämpfen des Nationalsozialismus herausgewachsen sind.

(Aus: Baldur von Schirach, Hitler-Jugend, Leipzig: Köhler und Amelang 1934, S. 130)

---

▶ **Aufgaben**

1. Was ist der Kerngedanke des Hitler'schen Erziehungsideals (M 1)? Wie stehst du dazu? Begründe deine Meinung.
2. Wie gelang es den Nazis, die männliche Jugend für sich zu gewinnen (M 3, M 4, M 5)? Wie beurteilen die ehemaligen Hitlerjungen als Erwachsene die NS-Jugendbewegung (M 6)?
3. Warum kam die NS-Jugendbewegung auch bei den Mädchen gut an (M 7, M 8, M 9)?
4. Welche Widersprüche zwischen Ideologie und Realität werden aus M 10 bis M 12 deutlich?

## M 1 Vererbungslehre im Unterricht

Zweck und Ziel der Vererbungslehre und Rassenkunde im Unterricht muss es sein, über die Wissensgrundlagen hinaus vor allem die Folgerungen daraus für alle Fach- und Lebensgebiete zu ziehen und nationalsozialistische Gesinnung zu wecken.

Es gilt daher,

1. Einsicht zu gewinnen in die Zusammenhänge, die Ursachen und die Folgen aller mit Vererbung und Rasse in Verbindung stehenden Fragen,
2. Verständnis zu wecken für die Bedeutung, welche die Rassen und die Vererbungserscheinungen für das Leben und Schicksal des deutschen Volkes und für die Aufgaben der Staatsführung haben,
3. in der Jugend Verantwortlichkeitsgefühl gegenüber der Gesamtheit des Volkes, d. h. den Ahnen, den lebenden und den kommenden Geschlechtern, zu stärken, Stolz auf die Zugehörigkeit zum deutschen Volk als einem Hauptträger des nordischen Erbgutes zu wecken und damit auf den Willen der Schüler in der Richtung einzuwirken, dass sie an der rassischen Aufartung des deutschen Volkstums bewusst mitarbeiten.

Diese Schulung von Sehen, Fühlen, Denken und Wollen muss bereits in den höheren und mittleren Schulen auf der Unterstufe – in den Volksschulen beginnt sie im fünften Schuljahr – einsetzen, auf der Mittelstufe ergänzt werden und sich auf der Oberstufe vertiefen, so dass nach des Führers Willen „kein Knabe und kein Mädchen die Schule verlässt, ohne zur letzten Erkenntnis über die Notwendigkeit und das Wesen der Blutreinheit geführt zu sein".

(Richtlinien zur Rassenkunde. Aus: Zentralblatt für die gesamte Unterrichtsverwaltung in Preußen, Berlin 1935)

## M 3 Aufsatzthemen in der Reifeprüfung 1934

Friderico-Franciceum zu Bad Doberan, Reifeprüfung Ostern 1934:
„Hitler als Vollender der deutschen Einheit"

Heinrich-Schliemann-Schule (Gymnasium und Realgymnasium) Berlin:
„Goethes ‚Iphigenie' im Lichte völkischer Kunstauffassung"

Gymnasium zu Braunsberg/Ermland in Ostpreußen:
„Warum muss der Film ‚Hitlerjunge Quex' auf jeden deutschen Jungen einen tiefen Eindruck machen?"

Friedrich-Ludwig-Jahn-Schule (Gymnasium) Greifswald, Reifeprüfung Ostern 1934:
„Was hat mir meine SA-Zeit gegeben?"
„Welche Gedanken aus Adolf Hitlers Buch haben sich mir am tiefsten eingeprägt?"

Gymnasium Göttingen, Reifeprüfung Ostern 1934:
„Wie ist des Führers Wort zu verstehen: ‚Wir stoppen den ewigen Germanenzug nach dem Süden und Westen Europas und weisen nach dem Land im Osten'?"

Carolinum Osnabrück, Reifeprüfung Ostern 1934:
„Warum Arbeitsdienstpflicht?"
„Welchen Sinn lege ich in das Wort des Führers: ‚Es ist herrlich, in einer Zeit zu leben, die ihren Menschen große Aufgaben stellt'?"

(Aus: Hermann Langer, „… bereit zu siegen oder zu sterben." Deutschaufsätze 1933 bis 1945. In: Geschichte lernen: Nationalsozialismus, Velber: Friedrich Verlag 2000, S. 64)

## M 2 Verweigerung des „Hitler-Grußes"

Der Kulturminister
StuttgartN., 29. April 1937
Stadt der Auslandsdeutschen
Nr. 7022

An die
Ministerialabteilung für die Volksschulen
Auf die Berichte vom 12. April d. Js. Nr. A. 2288
13. April d. Js. Nr. A. 2658 und
21. April d. Js. Nr. A. 2704

**Betrifft:**
Verweigerung des Hitler-Grußes durch Schüler.

[…] Ich kann nicht anerkennen, dass es aus Gewissensgründen unmöglich ist, den Deutschen Gruß darzubringen, und damit dem Führer und Kanzler des Deutschen Reiches Heil für seine Arbeit im Dienste des Volkes zu wünschen. Schüler, die sich auf Anweisung der Eltern weigern, den vorgeschriebenen Gruß zu erweisen, stören und schädigen die Schulgemeinschaft und können deshalb nicht in der Schule belassen werden.

(Zit. nach: Willi Bohn, Stuttgart Geheim; Frankfurt: Röderberg-Verlag 1978, S. 112)

© Ernst Klett Schulbuchverlag Leipzig GmbH, Leipzig 2004.
Alle Rechte vorbehalten. ISBN 3-12-927916-4

## M 4 Deutsche Grammatik

Ehe Adolf Hitler zur Macht kam: Menschen auf offener Straße überfallen / Häuser in Brand stecken / das Reichstagsgebäude anzünden / Eisenbahnschienen aufreißen / Telegraphenleitungen zerstören / Geschäfte plündern / Transporte gefährden / Aufstände anzetteln / Eisenbahnzüge in die Luft sprengen / Kassen plündern / Lager ausrauben / Gelder unterschlagen / Nachrichten fälschen / falsche Meldungen verbreiten / Zwietracht säen / Uneinigkeit hervorrufen / das Vaterland beschimpfen / …

| Tatform | Leideform |
|---|---|
| Man überfiel Menschen auf offener Straße. | Menschen wurden auf offener Straße überfallen. |
| Man steckte … | Häuser wurden … |

(Aus: Paul Garz, Otto Hartmann, Deutschkundliches Arbeitsbuch für die Volksschule, Ausgabe L, Heft 2, 5.-8. Schuljahr, Frankfurt am Main: Diesterweg 1937, S. 40)

## M 5 Aus einem Lesebuch (1942)

**Maria Kahle: Mutterklage**
Sie haben ihn begraben,
meinen blonden Knaben,
im fernen Polenland.
Kein Freund hat ihn geleitet,
ihm war sein Bett bereitet
von fremder, fremder Hand.

Wie froh hat er gesungen,
wie stolz hat er geschwungen
beim Scheidegang sein Schwert.
Da wollte ich nicht weinen,
ich gab ihn hin, den einen,
und hab' mich nicht gewehrt.

Nun haben sie begraben
meinen blonden Knaben
so weit, so weit von hier.
Ich konnt' ihn nicht umfangen,
er ist zum Tod gegangen
wohl ohne Gruß von mir.

Doch wenn zurück er käme
und dann wie damals nähme,
so stolz das Schwert zur Hand:
In schmerzlichem Umfassen,
würd' ich ihn wieder lassen
fürs heilige Vaterland.

(Aus: Rudolf Fiedler, Paul Skriewe, Deutsches Lesewerk für Mittelschulen. Gedichtband (Klasse 3–6), Frankfurt am Main: O. Salle 1943)

## M 6 Aus einem Mathematikbuch

[…]
Ein Geisteskranker kostet täglich etwa 4 RM, ein Krüppel 5,50 RM, ein Verbrecher 3,50 RM. In vielen Fällen hat ein Beamter täglich nur etwa 4 RM, ein Angestellter kaum 3,50 RM, ein ungelernter Arbeiter noch keine 2 RM auf den Kopf der Familie.
a) Stelle diese Zahlen bildlich dar. – Nach vorsichtigen Schätzungen sind in Deutschland 300 000 Geisteskranke, Epileptiker usw. in Anstaltspflege;
b) Was kosten diese jährlich insgesamt bei einem Satz von 4 RM?;
c) Wie viel Ehestandsdarlehen zu je 1000 RM könnten – unter Verzicht auf spätere Rückzahlung – von diesem Geld jährlich ausgegeben werden.
[…]
Ein moderner Nachtbomber kann 1800 Brandbomben tragen. Auf wie viel Kilometer Streckenlänge kann er diese Bomben verteilen, wenn er bei einer Stundengeschwindigkeit von 250 Kilometer in jeder Sekunde eine Bombe wirft?
Wie viel Meter sind die Einschläge voneinander entfernt […]?
Wie viel Quadratkilometer können zehn derartige Flugzeuge in Brand setzen, wenn sie in seitlichen Abständen von fünfzig Metern fliegen?
Wie viel Brände entstehen dabei, wenn ein Drittel der Abwürfe Treffer sind und dann wieder ein Drittel zünden?

(Aus: H. Focke, U. Reimer, Alltag unterm Hakenkreuz, Reinbek: Rowohlt 1979, S. 47 und 90 f.)

▶ **Aufgaben**

1. Was weißt du über die Vererbungslehre (oder Genetik)? Welche Unterschiede zur Vererbungslehre des Nationalsozialismus erkennst du (M 1)?
2. Vergleiche Gründe für den Schulausschluss, die du kennst, mit dem, der in M 2 genannt ist.
3. Die abgedruckten Abituraufgaben (M 3) sind alle nach dem steigernden Erörterungsschema zu bearbeiten. Warum sollen sich die Schülerinnen und Schüler nicht in der dialektischen Form äußern?
4. Beurteile die Deutsch- und Mathematikaufgaben und äußere dich zu dem Gedicht aus dem Lesebuch von 1942 (M 4, M 5, M 6).

 Arbeitsblätter Geschichte | 25 Der Nationalsozialismus |

## M 1  Hitler zur Emanzipation der Frau

Das Wort von der Frauen-Emanzipation ist nur ein vom jüdischen Intellekt erfundenes Wort, und der Inhalt ist von demselben Geist geprägt. Die deutsche Frau brauchte sich in den wirklich guten Zeiten des deutschen Lebens nie zu emanzipieren. Sie hat genau das besessen, was die Natur ihr zwangsläufig als Gut zur Verfügung und Bewahrung gegeben hat, genau so, wie der Mann in seiner guten Zeit nie zu fürchten brauchte, dass er aus seiner Stellung gegenüber der Frau verdrängt werde.

(Aus: Völkischer Beobachter vom 10.9.1934)

## M 2  Hitler vor der NS-Frauenschaft

Wenn man sagt, die Welt des Mannes ist der Staat, die Welt des Mannes ist sein Ringen, die Einsatzbereitschaft für die Gemeinschaft, so könnte man vielleicht sagen, dass die Welt der Frau eine kleinere sei; denn ihre Welt ist ihr Mann, ihre Familie, ihre Kinder und ihr Haus. Wo wäre aber die größere Welt, wenn niemand die kleine Welt betreuen wollte. Wie könnte die größere Welt bestehen, wenn niemand wäre, der die Sorgen um die kleinere Welt zu seinem Lebensinhalt machen würde? Nein: Die große Welt baut sich auf dieser kleinen Welt auf. Diese große Welt kann nicht bestehen, wenn die kleine Welt nicht fest ist.

(Aus: Rita Thalmann, Frausein im Dritten Reich, Frankfurt/Main: Ullstein 1987, S. 76)

## M 3  Hitler in „Mein Kampf"

> Auch die Ehe kann nicht Selbstzweck sein, sondern muß dem einen größeren Ziele, der Vermehrung und Erhaltung der Art und Rasse, dienen. Nur das ist ihr Sinn und ihre Aufgabe.

(Aus: Adolf Hitler, Mein Kampf, München: Eher 1936, S. 275 f.)

## M 4  Typisches Mutterbild des Nationalsozialismus

© Süddeutscher Verlag, München

## M 5  Ehe und Nachkommen (aus einem NS-Rundschreiben)

Die Gründung guter Ehen ist zwecklos, wenn nicht zahlreiche Nachkommen aus ihnen hervorgehen [...] Falls unglückliche Schicksalsumstände der Ehe eigene Kinder versagen, sollte jeder SS-Führer rassisch und erbgesundheitlich wertvolle Kinder annehmen und sie im Sinne des Nationalsozialismus erziehen und ihnen eine ihren Fähigkeiten entsprechende Ausbildung angedeihen lassen. Für die Auslese und Zuweisung eigener Kinder steht den SS-Führern der Verein ‚Lebensborn e.V.' zur Verfügung, der unter meiner persönlichen Führung steht [...] und dessen Aufgabe es ist:
1. Rassisch und erbbiologisch wertvolle, kinderreiche Familien zu unterstützen.
2. Rassisch und erbbiologisch wertvolle werdende Mütter unterzubringen und zu betreuen, bei denen nach sorgfältiger Prüfung der eigenen Familie und der Familie des Erzeugers durch das RuS.-Hauptamt SS* anzunehmen ist, dass gleich wertvolle Kinder zur Welt kommen.
3. Für die Kinder zu sorgen.
4. Für die Mütter der Kinder zu sorgen.

*\* Reichssicherheitshauptamt der SS = Bezeichnung für die zusammengefassten Behörden der Sicherheitspolizei und der Sicherheitsdienste; unterstand dem Reichsführer SS.*

(Zit. nach: Norbert Westenrieder, „Deutsche Frauen und Mädchen!" Vom Alltagsleben 1933–1945, Düsseldorf: Droste 1984, S. 41 f.)

**M 6**    **Die Rolle der Frau im Krieg (aus einer NS-Publikation von 1939)**

Die grundsätzlichen Richtlinien für eine den Bedürfnissen der Wehrwirtschaft angepasste Erfassung und Verteilung auch der weiblichen Arbeitskräfte […] beruhen darauf, dass alle Frauen, die tauglich und abkömmlich sind, ohne Ansehen des Berufs, des Alters, des Familienstandes zur Kriegsdienstleistung heranzuziehen sind […]

Das Bild, das wir uns von der Rolle der Frau in einem künftigen Kriege entwerfen, ist sicher kein schönes. Nüchtern, im höchsten Maße unromantisch wie das Maschinenzeitalter, in dem wir leben, zeigt es uns die Frau am Pflug und an der Werkbank, in den stickigen Dämpfen der chemischen Fabriken, in dröhnenden Maschinenhallen und im Staub der Kohlenbergwerke, als Briefboten, als Feuerwehrmann und als Lastwagenfahrer, in allen schweren, schmutzigen und gefährlichen Arbeiten der Männer, in entstellender Arbeitskleidung und unter rauen Daseinsbedingungen. Es hat nichts mehr gemein mit dem, welches den Kriegern früherer Zeiten vorschwebte, wenn sie für Weib und Kind und Heim und Herd in den Kampf zogen.

(Zit. nach: Rolf Schörken, Das Dritte Reich, Stuttgart: Klett 1982, S. 58 f.)

**M 7**    **NS-Propagandaplakat**

Aus: Der Nationalsozialismus, Bd. 3: Das bittere Ende. hrsg. von der Bayerischen Landeszentrale für politische Bildungsarbeit, München 1993, S. 377

▶ **Aufgaben**

1. Was verstehst du unter „Emanzipation der Frau"? Was versteht Hitler darunter? Wie steht er zur Emanzipation (M 1, M 2)?
2. Was ist nach Hitlers Weltanschauung die Aufgabe der Frau (M 3, M 4, M 5)? In welchem Verhältnis steht dieses Frauenbild zur Realität im „Dritten Reich" (M 6, M 7)?

 © Ernst Klett Schulbuchverlag Leipzig GmbH, Leipzig 2004. Alle Rechte vorbehalten. ISBN 3-12-927916-4

## M 1  Hitler zur Erziehung der Mädchen

Analog der Erziehung des Knaben kann der völkische Staat auch die Erziehung des Mädchens von den gleichen Gesichtspunkten aus leiten. Auch dort ist das Hauptgewicht vor allem auf die körperliche Ausbildung zu legen, erst dann auf die Förderung der seelischen und zuletzt der geistigen Werte. Das Ziel der weiblichen Erziehung hat unverrückbar die kommende Mutter zu sein.

(Aus: Adolf Hitler, Mein Kampf, München: Eher 1936, S. 459 f.)

## M 2  Propagandaminister Josef Goebbels über Frauenrollen – Männerrollen

Der Führer entwickelt ganz neue Gedanken über unsere Stellung zur Frau. [...] Die Frau ist Geschlechts- und Arbeitsgenossin des Mannes. Sie ist das immer gewesen und wird das immer bleiben. Auch bei den heutigen wirtschaftlichen Verhältnissen muss sie das sein. Ehedem auf dem Felde, heute auf dem Büro. Der Mann ist Organisator des Lebens, die Frau seine Hilfe und sein Ausführungsorgan.

(Zit. nach: S. Bajohr, Die Hälfte der Fabrik – Geschichte der Frauenarbeit in Deutschland 1914–1945, Marburg: Verlag Arbeiterbewegung und Gesellschaftswissenschaft 1979, S. 219)

## M 3  Heiratsanzeigen

Witwer, 60 Jahre alt, wünscht sich wieder zu verheiraten mit einer nordischen Gattin, die bereit ist, ihm Kinder zu schenken, damit die alte Familie in der männlichen Linie nicht ausstirbt.

*Hamburger Fremdenblatt,*
*5. Dezember 1935*

Zweiundfünfzig Jahre alter, rein arischer Arzt, Teilnehmer an der Schlacht bei Tannenberg, der auf dem Lande zu siedeln beabsichtigt, wünscht sich männlichen Nachwuchs durch eine standesamtliche Heirat mit einer gesunden Arierin, jungfräulich, jung, bescheiden, sparsame Hausfrau, gewöhnt an schwere Arbeit, breithüftig, flache Absätze, keine Ohrringe, möglichst ohne Eigentum.

*Münchner Neueste Nachrichten,*
*25. Juli 1940*

(Zit. nach: H. Focke, U. Reimer, Alltag unterm Hakenkreuz, Reinbek: Rowohlt 1979, S. 121)

## M 4  Frauen aus der „besseren Gesellschaftsschicht"

Weiterhin werden zur Zeit noch die Erhebungen über den Ehrendienst der deutschen Frauen durchgeführt und kann hier berichtet werden, dass nach den bisherigen Ergebnissen eine sehr große Anzahl von Frauen sich zum Ehrendienst bereit erklärt haben. Sogar kleinere Ortsgruppen melden 15–20 Frauen für Heimarbeiten zu 10 Stunden in der Woche. [...]
Es ist nun einmal so, dass durch das schlechte Beispiel, das viele Frauen durch ihr Nichtstun an den Tag legen, die in Arbeit stehenden und anständigen Frauen allmählich ebenfalls anstecken und diese der Arbeit fernbleiben mit der berechtigten Begründung, wenn schon die besseren Frauen nicht herangezogen werden und diese noch ihr Dienstmädchen halten können und sehr häufig nur ein Kind haben, dann ziehen auch wir als die kleine Gesellschaftsschicht die Konsequenzen. [...]

Letzten Endes wird doch der Krieg für alle Schichten des Volkes geführt, und es muss immer wieder die Frage aufgeworfen werden, warum denn stets mit zweierlei Maß gemessen wird und warum nicht auch die sog. „bessere Gesellsaftsschicht" endlich einmal gehalten ist, auch das bestmöglichste zur Erringung des Sieges beizutragen. Die schweren Lasten des Krieges müssen letzten Endes gemeinsam getragen werden. [...]
Allgemein wird davon gesprochen, dass die einen vom Krieg nicht nur nichts verspüren, sondern sogar auch noch reich werden, während die anderen die Lasten des Krieges in ihrer ganzen Schwere zu tragen haben.

*Aus dem Monatsbericht der NSDAP-Kreisleitung Augsburg/Land, Juni 1944*

(Zit. nach: Martin Broszat u. a. (Hrsg.), Bayern in der NS-Zeit, München: Oldenbourg 1977, S. 632)

### M 5   Mangel an Arbeitskräften

Der Mangel an Arbeitskräften nimmt ständig zu. In manchen Betrieben sind außer den ausländischen Arbeitskräften nur noch Frauen und Greise tätig. […] Einige Reserven an deutschen Arbeitskräften sind nur noch im Einzelhandel vorhanden. Hier könnten wohl noch Kräfte freigemacht werden. In den meisten Geschäften ist nur noch wenig zu haben; es ist daher gleichgültig, ob statt 3 nur 2 Verkäuferinnen dem Kunden versichern, dass die begehrte Ware nicht zu haben sei.

*Aus dem Monatsbericht des Regierungspräsidenten von Ober- und Mittelfranken, 5. Dezember 1942*

(Zit. nach: Martin Broszat u. a. (Hrsg.), Bayern in der NS-Zeit, München: Oldenbourg 1977, S. 621)

### M 6   Eine „artgemäße" deutsche Familie (Gemälde von Adolf Wissel)

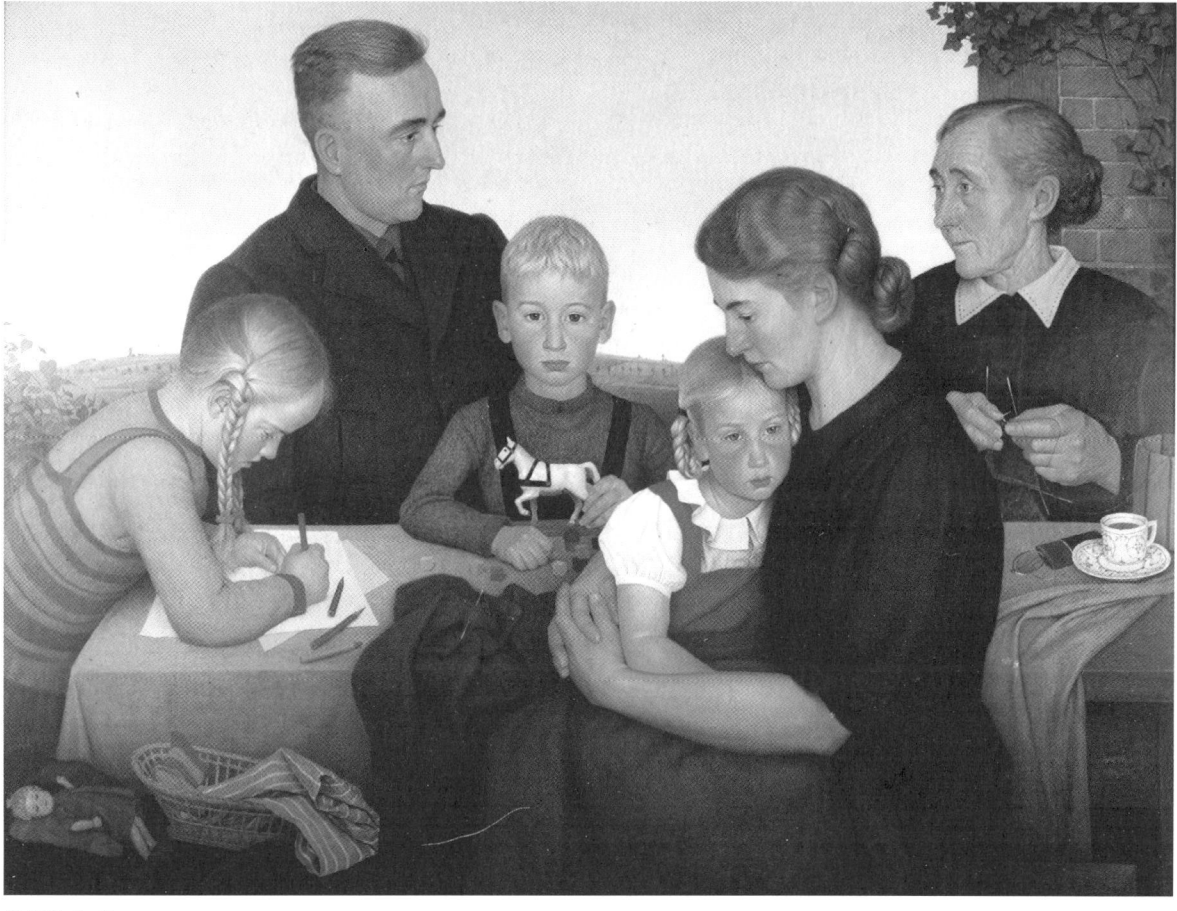

© AKG, Berlin

▶ **Aufgaben**
1. Beschreibe das Idealbild der nationalsozialistischen Familie (M 1, M 2, M 3, M 6).
2. Vergleiche dieses Idealbild
   – mit der Familie, die du aus deiner eigenen Erfahrung kennst und
   – mit der Familie, wie sie im „Dritten Reich" seit Kriegsbeginn Realität war (M 4, M 5).

 © Ernst Klett Schulbuchverlag Leipzig GmbH, Leipzig 2004.

### M 1 Hitler in der Regierungserklärung vom 23. März 1933

Die nationale Regierung sieht in den beiden christlichen Konfessionen wichtigste Faktoren der Erhaltung unseres Volkstums. Sie wird die zwischen ihnen und den Ländern abgeschlossenen Verträge respektieren, ihre Rechte sollen nicht angetastet werden. Sie erwartet aber und hofft, dass die Arbeit an der nationalen und sittlichen Erhebung, die sich die Regierung zur Aufgabe gestellt hat, umgekehrt die gleiche Würdigung erfährt. Sie wird allen anderen Konfessionen in objektiver Gerechtigkeit gegenübertreten. Sie kann aber niemals dulden, dass die Zugehörigkeit zu einer bestimmten Konfession oder einer bestimmten Rasse eine Entbindung von allgemeingesetzlichen Verpflichtungen sein könnte oder gar ein Freibrief für straflose Begehung oder Tolerierung von Verbrechen. Die nationale Regierung wird in Schule und Erziehung den christlichen Konfessionen den ihnen zukommenden Einfluss einräumen und sicherstellen. Ihre Sorge gilt dem aufrichtigen Zusammenleben zwischen Kirche und Staat. Der Kampf gegen eine materialistische Weltauffassung und für die Herstellung einer wirklichen Volksgemeinschaft dient ebensosehr den Interessen der deutschen Nation wie denen unseres christlichen Glaubens.

(Zit. nach: W. Conze, Der Nationalsozialismus 1934–1945, Stuttgart: Klett 2001, S. 93)

### M 2 Hitler äußert sich im privaten Rahmen zum Christentum (6. Juli 1933)

Mit den Konfessionen, ob nun diese oder jene: das ist alles gleich. Das hat keine Zukunft mehr. Für die Deutschen jedenfalls nicht. Der Faschismus mag in Gottes Namen seinen Frieden mit der Kirche machen. Ich werde das auch tun. Warum nicht? Das wird mich nicht abhalten, mit Stumpf und Stiel, mit allen seinen Wurzeln und Fasern das Christentum in Deutschland auszurotten [...]. Lassen Sie das Spintisieren. Ob nun Altes Testament oder Neues, ob bloß Jesuworte wie der Houston Stewart Chamberlain will: alles das ist doch nur derselbe jüdische Schwindel. Es ist alles eins und macht uns nicht frei. Eine deutsche Kirche, ein deutsches Christentum ist Krampf. Man ist entweder Christ oder Deutscher. Beides kann man nicht sein. [...] Was werden soll, fragen Sie? Das will ich Ihnen sagen: verhindern, dass die Kirchen etwas anderes tun, als was sie jetzt tun. Nämlich Schritt für Schritt Raum verlieren. Was glauben Sie, werden die Massen jemals wieder christlich werden? Dummes Zeug. Nie wieder. Der Film ist abgespielt. Da geht niemand mehr herein. Aber nachhelfen werden wir. Die Pfaffen sollen sich selbst ihr Grab schaufeln. Sie werden ihren lieben Gott an uns verraten. Um ihr erbärmliches Gelumpe von Stellung und Einkommen werden sie alles preisgeben [...] Sie werden anstatt des Blutes ihres bisherigen Erlösers das

reine Blut unseres Volkes zelebrieren; sie werden die deutsche Ackerfrucht als heilige Gabe empfangen und zum Symbol der ewigen Volksgemeinschaft essen, wie sie bisher den Leib ihres Gottes genossen haben.

(Zit. nach: W. Michalka (Hrsg.), Deutsche Geschichte 1933–1945, Frankfurt/Main: Fischer 1994, S. 82)

### M 3 Konkordat zwischen dem Vatikan und dem Deutschen Reich (20. Juli 1933)

Seine Heiligkeit Papst Pius XI. und der Deutsche Reichspräsident, von dem gemeinsamen Wunsche geleitet, die zwischen dem Heiligen Stuhl und dem Deutschen Reich bestehenden freundschaftlichen Beziehungen zu festigen und zu fördern, [sind] gewillt, das Verhältnis zwischen der katholischen Kirche und dem Staat für den Gesamtbereich des Deutschen Reiches in einer beide Teile befriedigenden Weise dauernd zu regeln. [...]

*Artikel 1*: Das Deutsche Reich gewährleistet die Freiheit des Bekenntnisses und der Öffentlichen Ausübung der katholischen Religion. [...]

*Artikel 4*: [...]Anweisungen, Verordnungen, Hirtenbriefe, amtliche Diözesanblätter und sonstige die geistliche Leitung der Gläubigen betreffende Verfügungen, die von den kirchlichen Behörden im Rahmen ihrer Zuständigkeit (Art. 1. Abs. 2) erlassen werden, können ungehindert veröffentlicht und in den bisher üblichen Formen zur Kenntnis der Gläubigen gebracht werden. [...]

*Artikel 16*: Bevor die Bischöfe von ihrer Diözese Besitz ergreifen, leisten sie in die Hand des Reichsstatthalters in dem zuständigen Lande bzw. des Reichspräsidenten einen Treueid nach folgender Formel:

„Vor Gott und auf die heiligen Evangelien schwöre und verspreche ich, so wie es einem Bischof geziemt, dem Deutschen Reich und dem Lande [...] Treue. Ich schwöre und verspreche, die verfassungsmäßig gebildete Regierung zu achten und von meinem Klerus achten zu lassen. In der pflichtmäßigen Sorge um das Wohl und das Interesse des deutschen Staatswesens werde ich in Ausübung des mir übertragenen geistlichen Amtes jeden Schaden zu verhüten trachten, der es bedrohen könnte." [...]

(Zit. nach: W. Michalka (Hrsg.), Deutsche Geschichte 1933–1945, Frankfurt/Main: Fischer 1994, S. 82 f.)

### M 4 Kommentar des „Völkischen Beobachters" zum Konkordat (20. Juli 1933)

Die Tatsache, dass der Vatikan mit dem neuen Deutschland einen Vertrag schließt, bedeutet die Anerkennung des nationalsozialistischen Staates durch die katholische Kirche.

Durch diesen Vertrag wird vor der ganzen Welt klar und unzweideutig erwiesen, dass die Behauptung, der Nationalsozialismus sei religionsfeindlich, eine Lüge ist, die zum Zweck politischer Hetze erfunden wurde [...] Die Kirche verbietet den Priestern durch das Konkordat jede parteipolitische Betätigung. Darüber hinaus weist die katholische Kirche ihre Priester an, für den neuen Staat, das jetzige Deutsche Reich einzutreten. In Zukunft dürfen also Kanzeln und Beichtstühle, wie es bisher leider vielfach geschehen ist, nicht mehr gegen den nationalsozialistischen Staat missbraucht werden, sondern Diener der Kirche in Deutschland haben die Pflicht, sich wie jeder deutsche Staatsbürger für diesen Staat und seine Grundlage einzusetzen.

(Zit. nach: W. Michalka (Hrsg.), Deutsche Geschichte 1933–1945, Frankfurt/Main: Fischer 1994, S. 84)

## M 5 Weltrundschreiben von Papst Pius XI. über die Lage der Kirche in Deutschland (14. März 1937)

Ehrwürdige Brüder!
Gruß und Apostolischen Segen!
Mit brennender Sorge und steigendem Befremden beobachten Wir seit geraumer Zeit den Leidensweg der Kirche, die wachsende Bedrängnis der ihr in Gesinnung und Tat treubleibenden Bekenner und Bekennerinnen inmitten des Landes und des Volkes, dem St. Bonifatius einst die Licht- und Frohbotschaft von Christus und dem Reiche Gottes gebracht hat. [...]
Als Wir, Ehrwürdige Brüder, im Sommer 1933 die Uns von der Reichsregierung in Anknüpfung an einen jahrealten früheren Entwurf angetragenen Konkordatsverhandlungen aufnehmen und zu Euer aller Befriedigung mit einer feierlichen Vereinbarung abschließen ließen, leitete Uns die pflichtgemäße Sorge um die Freiheit der kirchlichen Heilsmission in Deutschland und um das Heil der ihr anvertrauten Seelen. [...]
Trotz mancher Bedenken haben Wir Uns damals den Entschluss abgerungen, Unsere Zustimmung nicht zu versagen. Wir wollten unseren treuen Söhnen und Töchtern in Deutschland im Rahmen des Menschenmöglichen die Spannungen und Leiden ersparen, die andernfalls unter den damaligen Verhältnissen mit Gewissheit zu erwarten gewesen wären. [...]
Wenn der von Uns in lauterer Absicht in die deutsche Erde gesenkte Friedensbaum nicht die Früchte gezeigt hat, die Wir im Interesse Eures Volkes ersehnten, dann wird niemand in der weiten Welt, der Augen hat, zu sehen, und Ohren, zu hören, heute noch sagen können, die Schuld liege auf Seiten der Kirche und ihres Oberhauptes. [...]
Wer die Rasse oder das Volk oder den Staat oder die Staatsform, die Träger der Staatsgewalt oder andere Grundwerte menschlicher Gemeinschaftsgestaltung [...] aus dieser ihrer irdischen Wertskala herauslöst, sie zur höchsten Norm aller, auch der religiösen Werte

macht und sie mit Götzenkult verherrlicht, der verkehrt und fälscht die gottgeschaffene und gottbefohlene Ordnung der Dinge. Ein solcher ist weit vom wahren Gottesglauben und einer solchem Glauben entsprechenden Lebensauffassung entfernt. [...]
Als Stellvertreter Dessen, Der im Evangelium zu einem Jungmann gesprochen hat: „Willst du zum Leben eingehen, so halte die Gebote", richten Wir ein besonderes väterliches Wort an die Jugend. Von tausend Zungen wird heute vor Euren Ohren ein Evangelium verkündet, das nicht vom Vater im Himmel geoffenbart ist. Tausend Federn schreiben im Dienst eines Scheinchristentums, das nicht das Christentum Christi ist. Druckerpresse und Radio überschütten Euch Tag für Tag mit Erzeugnissen glaubens- und kirchenfeindlichen Inhalts und greifen rücksichtslos und ehrfurchtslos an, was Euch hehr und heilig sein muss. [...]

(Zit. nach: W. Conze, Der Nationalsozialismus 1934–1945, Stuttgart: Klett 2001, S. 95 f.)

## M 6 Reaktion der Gestapo München auf das päpstliche Rundschreiben

Papst Pius XI. hat an die Erzbischöfe Deutschlands ein Rundschreiben über die Lage der katholischen Kirche im Deutschen Reiche erlassen, das bereits am 21. März 1937 von den Kanzeln der Kirche verlesen wurde und in der Zwischenzeit auch im Druck erschienen ist.
Da das Rundschreiben hochverräterische Angriffe gegen den nationalsozialistischen Staat enthält, wird Folgendes angeordnet:
1. Sämtliche außerhalb der Kirchen und Pfarrhöfe greifbaren Exemplare des Rundschreibens sind zu beschlagnahmen. Auch die im Besitze von Privatpersonen vorgefundenen Einzelstücke sind einzuziehen.
2. Sämtliche Personen, die sich mit der Verteilung der Schriften außerhalb der Kirchen und Pfarrhäuser befassen, sind, soweit es sich nicht um Geistliche handelt, sofort festzunehmen und umgehend dem Gericht zur strafrechtlichen Aburteilung zu überstellen. Ihre Entfernung aus der Partei, ihren Gliederungen und angeschlossenen Verbänden, wie DAF, ferner Handwerkskammer und dergleichen, ist sofort zu veranlassen.

(Zit. nach: Johann Neuhäusler, Kreuz und Hakenkreuz, Band I, München: Katholische Kirche Bayerns 1946, S. 230 f.)

▶ **Aufgaben**

1. Wie äußert sich Hitler zur christlichen Religion (M 1, M 2)? Warum muss der Kontext berücksichtigt werden, in dem er seine Aussagen macht?
2. Wie beurteilst du das Konkordat (M 3), wie beurteilt es Papst Pius XI. im Jahr 1937 (M 5)?
3. Diskutiert die Reaktion der Gestapo (M 6) auf das päpstliche Rundschreiben.

**M 1**  **Propaganda-Plakat für die Jugend**

FÜHRER
DIR
GEHÖREN
WIR

„Die Zukunft kann uns nichts anderes bringen als den Sieg. Und wenn uns die Welt nach den Gründen fragt, so sagen wir: Weil uns der Herrgott unsern Führer gab."

ARTUR AXMANN

© Deutsches Historisches Museum, Berlin

**M 2**  **Plakat zum Eintopfsonntag des Winterhilfswerks am 1. Oktober 1933**

Am Sonntag
mit dem Führer
Eintopf!

© bpk, Berlin

| Arbeitsblätter Geschichte
Der Nationalsozialismus

Klett

## M 3 Ein Zeitzeuge berichtet

›Eintopfsonntage‹ war ja eine Aktion der NS-Volks-wohlfahrt, das war eine Teilorganisation der NSDAP. Man sollte dann eben das, was man beim Eintopf spart, für die Winterhilfe oder für andere Dinge spenden. Es gab Listen. Mit diesen Listen waren die Hauseigentü-mer ausgestattet worden. Man musste dann von Tür zu Tür gehen, und die Leute mussten sich in diese Listen eintragen. Meistens ist man zu dem gegangen, von dem man wusste, dass er am meisten spendet. Der trug sich dann mit seinem Namen und mit zwei Mark oder drei Mark ein. Und dann sagten andere: „Naja, dann kann ich nicht 20 Pfennig spenden." Und dadurch sind na-türlich Sammelergebnisse erzielt worden, die ziemlich hoch waren.

*Heinz Schön, geb. 1926*

(Aus: Jürgen Ewert (Hrsg.), Heimatfront, Berlin: Nicolaische Ver-lagsbuchhandlung 1999, S. 64)

## M 4 Fotocollage von John Heartfield: „Ein gefährliches Eintopfgericht" (1934)

© Deutsches Historisches Museum, Berlin

## M 5 Hitler zum Umgang mit „Erbkranken"

Es ist eine Halbheit, unheilbar kranken Men-schen die dauernde Möglichkeit einer Ver-seuchung der übrigen gesunden zu gewähren. Es entspricht dies einer Humanität, die, um dem einen nicht wehe zu tun, hundert andere zugrunde gehen läßt. Die Forderung, daß de-fekten Menschen die Zeugung anderer eben-so defekter Nachkommen unmöglich gemacht wird, ist eine Forderung harter Vernunft und bedeutet in ihrer planmäßigen Durchfüh-rung die humanste Tat der Menschheit. Sie wird Millionen von Unglücklichen unver-diente Leiden ersparen, in der Folge aber zu einer steigenden Gesundung überhaupt füh-ren. Die Entschlossenheit, in dieser Richtung vorzugehen, wird auch der Weiterverbreitung der Geschlechtskrankheiten einen Damm ent-gegensetzen. Denn hier wird man, wenn nötig, zur unbarmherzigen Absonderung unheilbar Erkrankter schreiten müssen – eine barbari-sche Maßnahme für den unglücklich davon Betroffenen, aber ein Segen für die Mit- und Nachwelt. Der vorübergehende Schmerz ei-nes Jahrhunderts kann und wird Jahrtausen-de vom Leid erlösen.

(Aus: Adolf Hitler, Mein Kampf, München: Eher 1936, S. 279 f.)

### M 6  Gesetz zur Verhütung erbkranken Nachwuchses (14. Juli 1933)

§ 1. (1) Wer erbkrank ist, kann durch chirurgischen Eingriff unfruchtbar gemacht (sterilisiert) werden, wenn nach den Erfahrungen der ärztlichen Wissenschaft mit großer Wahrscheinlichkeit zu erwarten ist, dass seine Nachkommen an schweren körperlichen oder geistigen Erbschäden leiden werden.

(2) Erbkrank im Sinne dieses Gesetzes ist, wer an einer der folgenden Krankheiten leidet:

1. angeborenem Schwachsinn,
2. Schizophrenie,
3. zirkulärem (manisch-depressivem) Irresein,
4. erblicher Fallsucht,
5. erblichem Veitstanz (Huntingtonsche Chorea),
6. erblicher Blindheit
7. erblicher Taubheit
8. schwerer erblicher körperlicher Missbildung.

(3) Ferner kann unfruchtbar gemacht werden, wer an schwerem Alkoholismus leidet.

§ 2. (1) Antragsberechtigt ist derjenige, der unfruchtbar gemacht werden soll. Ist dieser geschäftsunfähig oder wegen Geistesschwäche entmündigt oder hat er das achtzehnte Lebensjahr noch nicht vollendet, so ist der gesetzliche Vertreter antragsberechtigt; […]

§ 3. Die Unfruchtbarmachung können auch beantragen
1. der beamtete Arzt,
2. für die Insassen einer Kranken-, Heil- oder Pflegeanstalt oder einer Strafanstalt der Anstaltsleiter. […]

§ 12. (1) Hat das Gericht die Unfruchtbarmachung endgültig beschlossen, so ist sie auch gegen den Willen des Unfruchtbarzumachenden auszuführen. […]

(Aus: Heinz Hürten (Hrsg.), Deutsche Geschichte in Quellen und Darstellung, Band 9: Weimarer Republik und Drittes Reich. Stuttgart: Philipp Reclam 1995, S. 188 f.)

### M 7  Anschauungsmaterial für den Schulunterricht

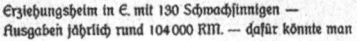

Aus: Wolfgang Benz: Geschichte des Dritten Reiches. C.H.Beck, München 2000, S. 83

**M 8** **Amtliches Schreiben an den Reichsminister für Justiz**

In den Orten, in denen sich Heil- und Pflegeanstalten befinden und in benachbarten Orten, teilweise schon in größerem Umkreis, z. B. im ganzen Rheingau, wird fortgesetzt über die Frage der Vernichtung lebensunwerten Lebens gesprochen. Die Fahrzeuge, mit denen die Kranken aus ihren Unterbringungsanstalten zu Zwischenanstalten und von da zu den Liquidationsanstalten gebracht werden, sind der Bevölkerung bekannt. Wie man mir sagt, rufen schon die Kinder, wenn solche Transportwagen kommen: ›Da werden wieder welche vergast.‹ In Limburg sollen auf der Fahrt von Weilmünster nach Hadamar täglich 1–3 große Omnibusse mit verhängten Fenstern durchkommen, die Insassen in die Liquidationsanstalt Hadamar abliefern. Dort sollen nach den Erzählungen die Ankömmlinge sofort nach Eintreffen nackt ausgezogen werden, es werde ihnen ein Papierhemd angezogen, und sie würden alsbald in einen Gasraum verbracht, wo sie mit Blausäure und einem betäubenden Zusatzgas liquidiert würden. Die Leichen würden auf einem laufenden Band in einen Verbrennungsraum geschafft, jeweils 6 in einen Ofen, die anfallende Asche würde auf 6 Urnen verteilt und den Angehörigen zugeschickt. Den dicken Rauch der Verbrennungshalle sehe man täglich über Hadamar. Es wird weiter davon gesprochen, dass den Leichen in einzelnen Fällen die Köpfe oder sonstige Körperteile abgeschnitten würden, um sie anatomisch untersuchen zu lassen. Das mit der Liquidation befasste Personal dieser Anstalten, das von auswärts abgeordnet sei, werde von der Bevölkerung völlig gemieden. Das Personal sitze abends in den Gastwirtschaften und spreche dem Alkohol auffallend stark zu. Abgesehen von dem äußeren Hergang, der die Phantasie der Bevölkerung beschäftigt, beunruhigt sich die Bevölkerung vor allem auch über die Frage, ob nicht auch alte Leute, die im Leben Tüchtiges geleistet hätten und jetzt im Alter etwas schwachsinnig geworden seien, mit liquidiert würden. Es wird davon gesprochen, dass auch die Altersheime geräumt werden sollen. Es heißt, die Bevölkerung warte auf eine gesetzliche Regelung mit einem geordneten Verfahren, damit sichergestellt sei, dass insbesondere nicht solche alten, schwachsinnig gewordenen Menschen mit in die Aktion einbezogen würden.

(Zit. nach: Alexander Mitscherlich und Fred Mielke (Hrsg.), Medizin ohne Menschlichkeit, Frankfurt/Main: Fischer 1978, S. 197)

**M 9** **Der Begriff „Euthanasie" im Fremdwörterbuch**

**Euthanasie** [gr.: „leichter Tod"] die; -: 1. Erleichterung des Sterbens, bes. durch Schmerzlinderung mit Narkotika (Med.). 2. beabsichtigte Herbeiführung des Todes bei unheilbar Kranken durch Anwendung von Medikamenten (Med.)

(Aus: Duden, Band 5, Fremdwörterbuch, Mannheim: Bibliographisches Institut 1974, S. 222)

**M 10** **Psychisch Kranke auf dem Weg in die Gaskammer (1936)**

Aus: Spiegel special, Nr. 1/2001: Die Gegenwart der Vergangenheit. SPIEGEL-Verlag, Hamburg 2001, S. 138

▶ **Aufgaben**

1. Wie mögen sich die Jugendlichen gefühlt haben, als sie dieses Plakat (M 1) gesehen haben? Entspricht es den realen Verhältnissen im „Dritten Reich"? Denke an die verschiedenen NS-Organisationen.

2. Was assoziierst du mit dem Begriff „Volksgemeinschaft"? Untersuche die Materialien M 2 bis M 4 im Hinblick darauf, ob sie deinen Assoziationen entsprechen. Diskutiert eventuelle Abweichungen.

3. So genannte „Erbkranke" gehörten im „Dritten Reich" nicht zur Volksgemeinschaft. Wer galt als „erbkrank" und wie wollten die Nazis mit solchen Menschen umgehen (M 5 bis M 7)?

4. Ab Oktober 1939 galt für Kinder und Erwachsene das „Euthanasie"-Programm. Was bedeutet der Begriff (M 9), wie legten ihn die Nazis im Sinn ihrer Ideologie aus (M 8, M 10)?

**M 1** **Aussagen Hitlers zu den Stichworten „Volk" und „Rasse" in „Mein Kampf"**

Schon die oberflächliche Betrachtung zeigt als nahezu ehernes Grundgesetz all der unzähligen Ausdrucksformen des Lebenswillens der Natur ihre in sich begrenzte Form der Fortpflanzung und Vermehrung. Jedes Tier paart sich nur mit einem Genossen der gleichen Art. Meise geht zu Meise, Fink zu Fink, der Storch zur Störchin, Feldmaus zu Feldmaus, Hausmaus zu Hausmaus, der Wolf zur Wölfin usw. Nur außerordentliche Umstände vermögen dies zu ändern, in erster Linie der Zwang der Gefangenschaft sowie eine sonstige Unmöglichkeit der Paarung innerhalb der gleichen Art. Dann aber beginnt die Natur sich auch mit allen Mitteln dagegen zu stemmen, und ihr sichtbarster Protest besteht entweder in der Verweigerung der weiteren Zeugungsfähigkeit für die Bastarde, oder sie schränkt die Fruchtbarkeit der späteren Nachkommen ein; in den meisten Fällen aber raubt sie die Widerstandsfähigkeit gegen Krankheit oder feindliche Angriffe.

Das ist nur zu natürlich.

Jede Kreuzung zweier nicht ganz gleich hoher Wesen gibt als Produkt ein Mittelding zwischen der Höhe der beiden Eltern. Das heißt also: das Junge wird wohl höher stehen als die rassisch niedrigere Hälfte des Elternpaares, allein nicht so hoch wie die höhere. Folglich wird es im Kampf gegen diese höhere später unterliegen. Solche Paarung widerspricht aber dem Willen der Natur zur Höherzüchtung des Lebens überhaupt. Die Voraussetzung hierzu liegt nicht im Verbinden von höher- und minderwertigem, sondern im restlosen Siege des ersteren. Der Stärkere hat zu herrschen und sich nicht mit dem Schwächeren zu verschmelzen, um so die eigene Größe zu opfern. Nur der geborene Schwächling kann dies als grausam empfinden, dafür aber ist er auch nur ein schwacher und beschränkter Mensch; denn würde dieses Gesetz nicht herrschen, wäre ja jede vorstellbare Höhenentwicklung aller organischen Lebewesen undenkbar.

Die Folge dieses in der Natur allgemein gültigen Triebes zur Rassenreinheit ist nicht nur die scharfe Abgrenzung der einzelnen Rassen nach außen, sondern auch ihre gleichmäßige Wesensart in sich selber. Der Fuchs ist immer ein Fuchs, die Gans eine Gans, der Tiger ein Tiger usw., und der Unterschied kann höchstens im verschiedenen Maße der Kraft, der Stärke, der Klugheit, Gewandtheit, Ausdauer usw. der einzelnen Exemplare liegen. Es wird aber nie ein Fuchs zu finden sein, der seiner inneren Gesinnung nach etwa humane Anwandlungen Gänsen gegenüber haben könnte, wie es ebenso auch keine Katze gibt mit freundlicher Zuneigung zu Mäusen.

Daher entsteht auch hier der Kampf untereinander weniger infolge innerer Abneigung etwa als vielmehr aus Hunger und Liebe. In beiden Fällen sieht die Natur ruhig, ja befriedigt zu. Der Kampf um das tägliche Brot läßt alles Schwache und kränkliche, weniger Entschlossene unterliegen, während der Kampf der Männchen um das Weibchen nur dem Gesündesten das Zeugungsrecht oder doch die Möglichkeit hierzu gewährt. Immer aber ist der Kampf ein Mittel zur Förderung der Gesundheit und Widerstandskraft der Art und mithin eine Ursache zur Höherentwicklung derselben. […]

So wenig sie aber schon eine Paarung von schwächeren Einzelwesen mit stärkeren wünscht, soviel weniger noch die Verschmelzung von höherer Rasse mit niederer, da ja andernfalls ihre ganze sonstige, vielleicht jahrhunderttausendelange Arbeit der Höherzüchtung mit einem Schlage wieder hinfällig wäre.

Die geschichtliche Erfahrung bietet hierfür zahllose Belege. Sie zeigt in erschreckender Deutlichkeit, daß bei jeder Blutsvermengung des Ariers mit niedrigeren Völkern als Ergebnis das Ende des Kulturträgers herauskam.

(Aus: Adolf Hitler, Mein Kampf, München: Eher 1936, S. 311 ff.)

**M 2** **Darstellung eines Juden in der antisemitischen Wochenzeitung „Der Stürmer"**

Aus: Wolfgang Benz: Geschichte des Dritten Reiches. C. H. Beck, München 2000, S. 131

**M 3**  **Plakat zur antisemitischen Wanderausstellung „Der ewige Jude" (1937)**

**M 4**  **Skulptur von Arno Breker: „Die Wehrmacht"**

© Stadtarchiv München

© AKG, Berlin

▶ **Aufgaben**

1. Welchen Zusammenhang von „Rasse" und „Volk" stellt Hitler her (M 1)? Inwiefern illustrieren die Abbildungen (M 3, M 4) die Aussagen Hitlers?

2. Welche Eigenschaften werden den „Ariern" (M 4), welche den Juden (M 2, M 3) zugeschrieben?

3. Die Darstellungen „des Juden" basieren auf Vorurteilen, die stereotyp gebraucht werden. Welche Stereotype sind erkennbar (M 2, M 3)? Welche weiteren kennst du?

© Ernst Klett Schulbuchverlag Leipzig GmbH, Leipzig 2004.
Alle Rechte vorbehalten. ISBN 3-12-927916-4

Klett

## M 1 Gesetz zum Schutz des deutschen Blutes und der deutschen Ehre (15. September 1935)

Durchdrungen von der Erkenntnis, dass die Reinheit des deutschen Blutes die Voraussetzung für den Fortbestand des deutschen Volkes ist, und beseelt von dem unbeugsamen Willen, die deutsche Nation für alle Zukunft zu sichern, hat der Reichstag einstimmig das folgende Gesetz beschlossen, das hiermit verkündet wird.

§ 1.1. Eheschließungen zwischen Juden und Staatsangehörigen deutschen oder artverwandten Blutes sind verboten. Trotzdem geschlossene Ehen sind nichtig, auch wenn sie zur Umgehung dieses Gesetzes im Ausland geschlossen sind.

2. Die Nichtigkeitsklage kann nur der Staatsanwalt erheben.

§ 2. Außerehelicher Verkehr zwischen Juden und Staatsangehörigen deutschen oder artverwandten Blutes ist verboten.

§ 3. Juden dürfen weibliche Staatsangehörige deutschen oder artverwandten Blutes unter 45 Jahren nicht in ihrem Haushalt beschäftigen.

§ 4.1. Juden ist das Hissen der Reichs- und Nationalflagge und das Zeigen der Reichsfarben verboten.

2. Dagegen ist ihnen das Zeigen der jüdischen Farben gestattet. Die Ausübung dieser Befugnis steht unter staatlichem Schutz.

§ 5.1. Wer dem Verbot des § 1 zuwiderhandelt, wird mit Zuchthaus bestraft.

2. Der Mann, der dem Verbot des § 2 zuwiderhandelt, wird mit Gefängnis oder mit Zuchthaus bestraft.

3. Wer den Bestimmungen der §§ 3 oder 4 zuwiderhandelt, wird mit Gefängnis bis zu einem Jahr und mit Geldstrafe oder mit einer dieser Strafen bestraft.

(Zit. nach: W. Michalka (Hrsg.), Deutsche Geschichte 1933–1945, Frankfurt/Main: Fischer 1996, S. 95)

## M 2 Reichsbürgergesetz (15. September 1935)

§ 1.1. Staatsangehöriger ist, wer dem Schutzverband des Deutschen Reiches angehört und ihm dafür besonders verpflichtet ist.

2. Die Staatsangehörigkeit wird nach den Vorschriften des Reichs- und Staatsangehörigkeitsgesetzes erworben.

§ 2.1. Reichsbürger ist nur der Staatsangehörige deutschen oder artverwandten Blutes, der durch sein Verhalten beweist, dass er gewillt und geeignet ist, in Treue dem deutschen Volk und Reich zu dienen.

2. Das Reichsbürgerrecht wird durch Verleihung des Reichsbürgerbriefes erworben.

3. Der Reichsbürger ist der alleinige Träger der vollen politischen Rechte und Maßgabe der Gesetze.

(Zit. nach: W. Michalka (Hrsg.), Deutsche Geschichte 1933–1945, Frankfurt/Main: Fischer 1996, S. 96)

## M 3 Rabbiner segnen jüdische Soldaten in Österreich-Ungarn im Ersten Weltkrieg

© Deutsches Historisches Museum, Berlin

▶ **Aufgaben**

1. Welches der „Nürnberger Gesetze" erscheint dir am einschneidendsten für die Juden (M 1, M 2)? Warum?

2. Was ist im Zusammenhang mit den „Nürnberger Gesetzen" die Kernaussage des Fotos aus dem Ersten Weltkrieg (M 3)? Welcher Schluss bezüglich der „Nürnberger Gesetze" ergibt sich für dich daraus?

**M 1** „Juni-Aktion" im Jahr 1938 in Berlin gegen das Möbelhaus Adolf Brünn jr., Berliner Allee 29-31

© Deutsches Historisches Museum, Berlin

**M 2** Die zerstörte Synagoge in Nürnberg nach der Pogromnacht des 9. November 1938

© Keystone, Hamburg

Klett

**M 3** **Schriftlicher Bericht des Chefs der Sicherheitspolizei an den preußischen Ministerpräsidenten über die Gewaltakte gegen Juden vom 11. November 1938**

[...] Die bis jetzt eingegangenen Meldungen der Staatspolizeistellen haben bis zum 11.11.1938 folgendes Gesamtbild ergeben:

In zahlreichen Städten haben sich Plünderungen jüdischer Läden und Geschäftshäuser ereignet. Es wurde, um weitere Plünderungen zu vermeiden, in allen Fällen scharf durchgegriffen. Wegen Plünderns wurden dabei 174 Personen festgenommen.

Der Umfang der Zerstörungen jüdischer Geschäfte und Wohnungen lässt sich bisher ziffernmäßig noch nicht belegen. Die in den Berichten aufgeführten Ziffern: 815 zerstörte Geschäfte, 29 in Brand gesteckte oder sonst zerstörte Warenhäuser, geben, soweit es sich nicht um Brandlegungen handelt, nur einen Teil der wirklich vorliegenden Zerstörungen wieder. [...] Die angegebenen Ziffern dürften daher um ein Vielfaches überstiegen werden.

An Synagogen wurden 191 in Brand gesteckt, weitere 76 vollständig demoliert. Ferner wurden 11 Gemeindehäuser, Friedhofskapellen und dergleichen in Brand gesetzt und weitere 3 völlig zerstört.

Festgenommen wurden rund 20 000 Juden, ferner 7 Arier und 3 Ausländer. Letztere wurden zur eigenen Sicherheit in Haft genommen.

An Todesfällen wurden 36, an Schwerverletzten ebenfalls 36 gemeldet. Die Getöteten, bzw. Verletzten sind Juden. Ein Jude wird noch vermisst. Unter den getöteten Juden befinden sich ein, unter den Verletzten 2 polnische Staatsangehörige.

*Heydrich*

(Aus: Heinz Hürten (Hrsg.), Deutsche Geschichte in Quellen und Darstellung, Band 9: Weimarer Republik und Drittes Reich, Stuttgart: Philipp Reclam 1995, S. 311 ff.)

**M 4** **Verordnungen nach dem Novemberpogrom**

**Verordnung über eine Sühneleistung der Juden deutscher Staatsangehörigkeit vom 12. November 1938**

Die feindliche Haltung des Judentums gegenüber dem deutschen Volk und Reich, die auch vor feigen Mordtaten nicht zurückschreckt, erfordert entschiedene Abwehr und harte Sühne.

Ich bestimme daher auf Grund der Verordnung zur Durchführung des Vierjahresplanes vom 18. Oktober 1936 (Reichsgesetzbl. I S. 887) das Folgende:

§ 1. Den Juden deutscher Staatsangehörigkeit in ihrer Gesamtheit wird die Zahlung einer Kontribution von 1 000 000 000 Reichsmark an das Deutsche Reich auferlegt.

§ 2. Die Durchführungsbestimmungen erlässt der Reichsminister der Finanzen im Benehmen mit den beteiligten Reichsministern.

Berlin, den 12. November 1938      Der Beauftragte für den Vierjahresplan
Göring, Generalfeldmarschall

**Verordnung zur Wiederherstellung des Straßenbildes bei jüdischen Gewerbebetrieben vom 12. November 1938**

Auf Grund der Verordnung zur Durchführung des Vierjahresplanes vom 18. Oktober 1936 (Reichsgesetzbl. I S. 887) verordne ich Folgendes:

§ 1. Alle Schäden, welche durch die Empörung des Volkes über die Hetze des internationalen Judentums gegen das nationalsozialistische Deutschland am 8., 9. und 10. November 1938 an jüdischen Gewerbebetrieben und Wohnungen entstanden sind, sind von dem jüdischen Inhaber oder jüdischen Gewerbetreibenden sofort zu bescitigen. [...]

Berlin, den 12. November 1938      Der Beauftragte für den Vierjahresplan:
Göring, Generalfeldmarschall

Arbeitsblätter Geschichte | 41
Der Nationalsozialismus |

**Verordnung zur Ausschaltung der Juden aus dem deutschen Wirtschaftsleben vom 12. November 1938**
Auf Grund der Verordnung zur Durchführung des Vierjahresplanes vom 18. Oktober 1936 (Reichsgesetzbl. I S. 887) wird Folgendes verordnet:
§ 1. (1) Juden […] ist vom 1. Januar 1939 ab der Betrieb von Einzelhandelsverkaufsstellen, Versandgeschäften oder Bestellkontoren sowie der selbständige Betrieb eines Handwerks untersagt.
(2) Ferner ist ihnen mit Wirkung vom gleichen Tage verboten, auf Märkten aller Art, Messen oder Ausstellungen Waren oder gewerbliche Leistungen anzubieten, dafür zu werben oder Bestellung darauf aufzunehmen. […]
§ 2. […]
(2) Ist ein Jude als leitender Angestellter in einem Wirtschaftsunternehmen tätig, so kann ihm mit einer Frist von sechs Wochen gekündigt werden. Mit Ablauf der Kündigungsfrist erlöschen alle Ansprüche der Dienstverpflichtungen aus dem gekündigten Vertrage, insbesondere auch Ansprüche auf Versorgungsbezüge und Abfindungen.
§ 3. (1) Ein Jude kann nicht Mitglied einer Genossenschaft sein.
(2) Jüdische Mitglieder von Genossenschaften scheiden zum 31. Dezember 1938 aus. Eine besondere Kündigung ist nicht erforderlich. […]

Berlin, den 12. November 1938        Der Beauftragte für den Vierjahresplan:
                                      Göring, Generalfeldmarschall

**Polizeiverordnung über das Auftreten der Juden in der Öffentlichkeit vom 28. November 1938**
Auf Grund der Verordnung über die Polizeiverordnungen der Reichsminister vom 14. November 1938 (Reichsgesetzbl. I S. 1582) wird Folgendes verordnet:
§ 1. Die Regierungspräsidenten in Preußen, Bayern und in den sudetendeutschen Gebieten, die ihnen gleichstehenden Behörden in den übrigen Ländern des Altreichs, die Landeshauptmänner (der Bürgermeister in Wien) im Lande Österreich und der Reichskommissar für das Saarland können Juden deutscher Staatsangehörigkeit und staatenlosen Juden […] räumliche und zeitliche Beschränkungen des Inhalts auferlegen, dass sie bestimmte Bezirke nicht betreten oder sich zu bestimmten Zeiten in der Öffentlichkeit nicht zeigen dürfen.

Berlin, den 28. November 1938        Der Reichsminister des Innern:
                                      (Im Auftrag) Heydrich

(Aus: Heinz Hürten (Hrsg.), Deutsche Geschichte in Quellen und Darstellung, Band 9: Weimarer Republik und Drittes Reich, Stuttgart: Philipp Reclam 1995, S. 311 ff.)

▶ **Aufgaben**
1. Was ist ein Pogrom? Erschließe die Wortbedeutung aus den Abbildungen M 1 und M 2, schlage anschließend im Wörterbuch nach und vergleiche.
2. Stelle in Form einer Grafik dar, welche Voraussetzungen die Nazis für den Pogrom schufen. Welche anderen Ursachen müssen berücksichtigt werden?
3. Stelle tabellarisch zusammen, welche unmittelbaren Folgen (M 3, M 4) der Pogrom
   – für die jüdische bzw.
   – für die nichtjüdische Bevölkerung hatte.
   Beurteile das Ergebnis.

© Ernst Klett Schulbuchverlag Leipzig GmbH, Leipzig 2004.

## M 1  Hitler in einer Rede am 30. Januar 1933

Ich will heute wieder ein Prophet sein: Wenn es dem internationalen Finanzjudentum in und außerhalb Europas gelingen sollte, die Völker noch einmal in einen Weltkrieg zu stürzen, dann wird das Ergebnis nicht die Bolschewisierung der Erde und damit der Sieg des Judentums sein, sondern die Vernichtung der jüdischen Rasse in Europa.

(Aus: Heinz Hürten (Hrsg.), Deutsche Geschichte in Quellen und Darstellung, Band 9: Weimarer Republik und Drittes Reich, Stuttgart: Philipp Reclam 1995, S. 318)

## M 2  Anweisungen des Chefs der Sicherheitspolizei Reinhard Heydrich an die Einsatztruppen der Sicherheitspolizei über die Behandlung der polnischen Juden vom 21. September 1939

Ich nehme Bezug auf die heute in Berlin stattgefundene Besprechung und weise noch einmal darauf hin, dass die *geplanten Gesamtmaßnahmen* (also das Endziel) *streng geheimzuhalten* sind.
Es ist zu unterscheiden zwischen
1. dem Endziel (welches längere Fristen beansprucht) und
2. den Abschnitten der Erfüllung dieses Endzieles (welche kurzfristig durchgeführt werden).

*Als erste Vorausnahme für das Endziel gilt zunächst die Konzentrierung der Juden vom Lande in die größeren Städte.* Sie ist mit Beschleunigung durchzuführen.
Es ist dabei zu unterscheiden:
1. zwischen den Gebieten Danzig und Westpreußen, Posen, Ostoberschlesien und
2. den übrigen besetzten Gebieten.
Nach Möglichkeit soll das unter Ziffer 1. erwähnte Gebiet von Juden freigemacht werden, zum mindesten aber dahin gezielt werden, nur wenige Konzentrierungsstädte zu bilden.

In den unter Ziffer 2. erwähnten Gebieten sind möglichst wenige Konzentrierungspunkte festzulegen, so dass die späteren Maßnahmen erleichtert werden. Dabei ist zu beachten, dass nur solche Städte als Konzentrierungspunkte bestimmt werden, die entweder Eisenbahnknotenpunkte sind oder zum Mindesten an Eisenbahnstrecken liegen.
[...]
In jeder jüdischen Gemeinde ist ein jüdischer Ältestenrat aufzustellen, der, soweit möglich, aus den zurück-liegenden maßgebenden Persönlichkeiten und Rabbinern zu bilden ist [...] Er ist im Sinne des Wortes *voll verantwortlich* zu machen für die exakte und termingemäße Durchführung aller ergangenen oder noch ergehenden Weisungen [...] Den Ältestenräten sind Termine und Fristen des Abzuges, die Abzugsmöglichkeiten und schließlich die Abzugsstraßen bekanntzugeben. Sie sind sodann persönlich verantwortlich zu machen für den Abzug der Juden vom Lande.
Als Begründung für die Konzentrierung der Juden in die Städte hat zu gelten, dass sich Juden maßgeblichst an den Plünderungsaktionen beteiligt haben. [...]
Die Konzentrierung der Juden in den Städten wird wahrscheinlich bedingen, dass den Juden bestimmte Stadtviertel überhaupt verboten werden, dass sie stets jedoch unter Berücksichtigung der wirtschaftlichen Notwendigkeiten – z.B. das Ghetto nicht verlassen, zu einer bestimmten Abendstunde nicht mehr ausgehen dürfen usw. [...]
*Alle erforderlichen Maßnahmen sind grundsätzlich stets im engsten Benehmen und Zusammenwirken mit den deutschen Zivilverwaltungs- und örtlich zuständigen Militärbehörden zu treffen.* [...]

(Zit. nach: W. Michalka (Hrsg.), Deutsche Geschichte 1933–1945, Frankfurt/Main: Fischer 1996, S. 265)

## M 3  Heinrich Himmler am 15. Mai 1940

Bei der Behandlung der Fremdvölkischen im Osten müssen wir darauf sehen, so viel wie möglich einzelne Völkerschaften anzuerkennen und zu pflegen, also neben den Polen und Juden die Ukrainer, die Weißrussen, die Goralen, die Lemken und die Kaschuben. Wenn sonst noch irgendwo Volkssplitter zu finden sind, auch diese.
Ich will damit sagen, dass wir nicht nur das größte Interesse daran haben, die Bevölkerung des Ostens nicht zu einen, sondern im Gegenteil in möglichst viele Teile und Splitter zu zergliedern.
Aber auch innerhalb der Völkerschaften selbst haben wir nicht das Interesse, diese zu Einheit und Größe zu führen, ihnen vielleicht allmählich Nationalbewusstsein und nationale Kultur beizubringen, sondern sie in unzählige kleine Splitter und Partikel aufzulösen. [...]
Den Begriff Juden hoffe ich, durch die Möglichkeit einer großen Auswanderung sämtlicher Juden nach Afrika oder sonst in eine Kolonie völlig auslöschen zu sehen.

(Zit. nach: W. Michalka (Hrsg.), Deutsche Geschichte 1933–1945, Frankfurt/Main: Fischer 1996, S. 238)

## M 4 Konzentrationslager im „Dritten Reich"

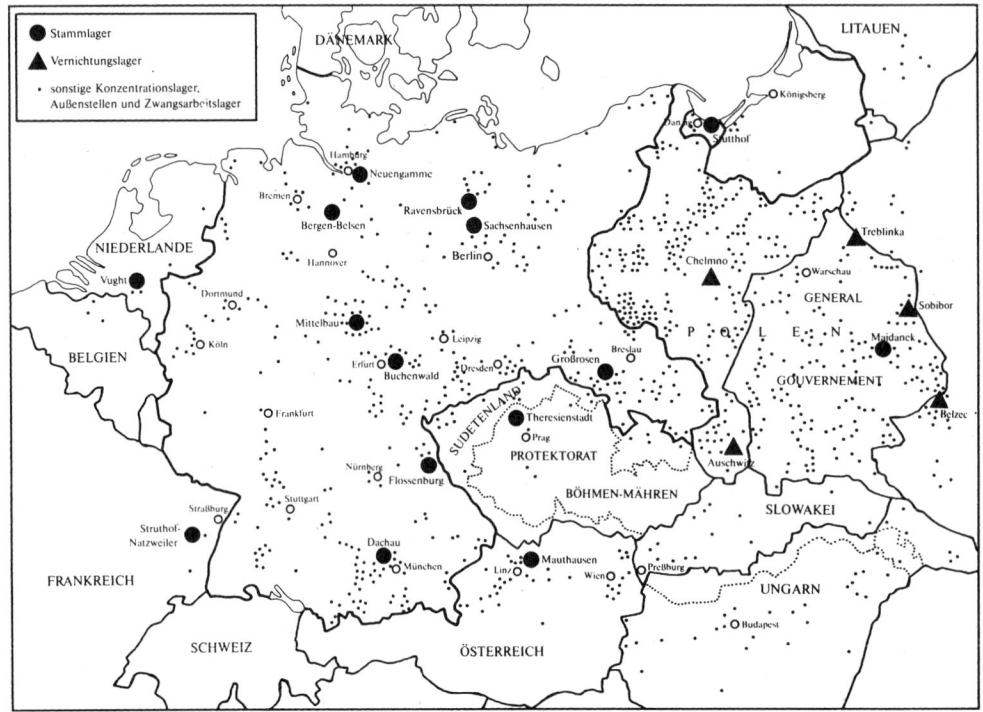

Aus: H.-U. Thamer, Verführung und Gewalt. Deutschland 1933–1945, Berlin: Siedler 1986, S. 690

## M 5 Kennzeichnung der KZ-Häftlinge

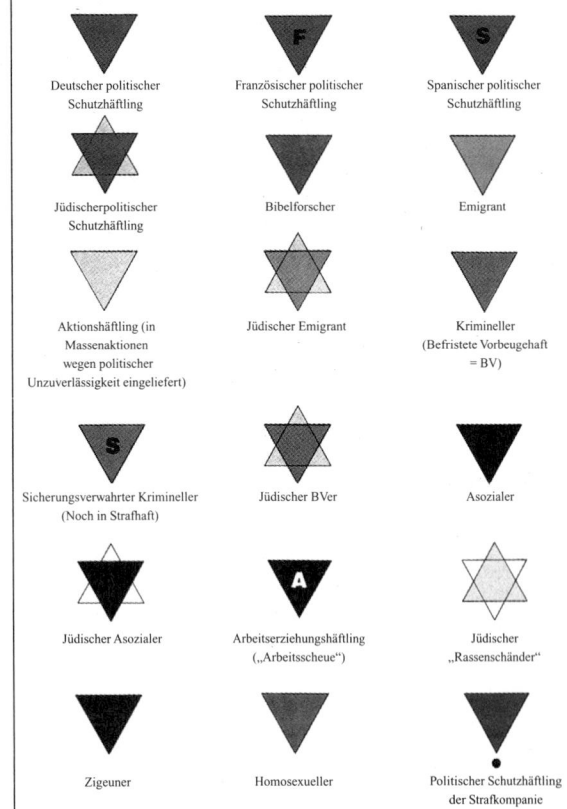

## M 6 Aus dem „Wannseeprotokoll" vom 20. Januar 1942

An der Stelle der Auswanderung ist nunmehr als weitere Lösungsmöglichkeit nach entsprechender vorheriger Genehmigung durch den Führer die Evakuierung der Juden nach dem Osten getreten.

Diese Aktionen sind jedoch lediglich als Ausweichmöglichkeiten anzusprechen, doch werden hier bereits jene praktischen Erfahrungen gesammelt, die im Hinblick auf die kommende Endlösung der Judenfrage von wichtiger Bedeutung sind. [...]

Unter entsprechender Leitung sollen im Zuge der Endlösung die Juden in geeigneter Weise im Osten zum Arbeitseinsatz kommen. In großen Arbeitskolonnen, unter Trennung der Geschlechter, werden die arbeitsfähigen Juden straßenbauend in diese Gebiete geführt, wobei zweifellos ein Großteil durch natürliche Verminderung ausfallen wird. Der allfällig endlich verbleibende Restbestand wird, da es sich bei diesen zweifellos um den widerstandsfähigsten Teil handelt, entsprechend behandelt werden müssen, da dieser, eine natürliche Auslese darstellend, bei Freilassung als Keimzelle eines neuen jüdischen Aufbaues anzusprechen ist. (Siehe die Erfahrung der Geschichte.)

(Zit. nach: W. Michalka (Hrsg.), Deutsche Geschichte 1933–1945, Frankfurt/Main: Fischer 1996, S. 270)

**M 7**    **Selektion ankommender Juden auf dem Bahnsteig in Auschwitz**

© Picture-Alliance (AKG), Frankfurt

**M 8**    **Die nationalsozialistische Judenausrottung in Europa**

| Land | Jüdische Bevölkerung vor der Verfolgung | Verluste Höchstzahl | Verluste bei Annahme der Höchstzahl in % |
|---|---|---|---|
| 1. Polen | 3.300.000* | 2.900.000* | 88 % |
| 2. Sowjetunion (bes. Geb.) | 2.100.000* | 1.000.000* | 48 % |
| 3. Rumänien | 850.000* | 420.000* | 49 % |
| 4. Tschechoslowakei | 360.000 | 300.000 | 83 % |
| 5. Deutschland | 240.000 | 200.000 | 83 % |
| 6. Ungarn | 403.000 | 200.000 | 50 % |
| 7. Litauen | 155.000 | 135.000 | 87 % |
| 8. Frankreich | 300.000 | 130.000 | 43 % |
| 9. Niederlande | 150.000 | 120.000 | 80 % |
| 10. Lettland | 95.000 | 85.000 | 89 % |
| 11. Jugoslawien | 75.000 | 65.000 | 87 % |
| 12. Griechenland | 75.000 | 60.000 | 80 % |
| 13. Österreich | 60.000 | 40.000 | 67 % |
| 14. Belgien | 100.000 | 40.000 | 40 % |
| 15. Italien | 75.000 | 15.000 | 20 % |
| 16. Bulgarien | 50.000 | 7.000 | 14 % |
| 17. Dänemark | nicht bekannt | nicht bekannt | |
| 18. Luxemburg | nicht bekannt | 3.000 | |
| 19. Norwegen | nicht bekannt | 1.000 | |
| | * | 5.721.000* | |

\* Verlässliche Zahlenangaben liegen nicht vor. Es handelt sich um annähernde Schätzungen.

Aus: H.-A. Jacobsen, Der Weg zur Teilung der Welt. Politik und Strategie von 1939 bis 1945, Koblenz, Bonn: Wehr und Wissen 1977, S. 508

**M 9** **Verbrennungsöfen in Auschwitz**

© AKG, Berlin

**M 10** **Heinrich Himmler über die Juden-vernichtung (Rede vor hohen SS-Führern in Posen, 4. Oktober 1943)**

Ich will hier vor Ihnen in aller Offenheit auch ein ganz schweres Kapitel erwähnen. Unter uns soll es einmal ganz offen ausgesprochen sein, und trotzdem werden wir in der Öffentlichkeit nie darüber reden. Genau so wenig, wie wir am 30. Juni 1934 gezögert haben, die befohlene Pflicht zu tun und Kameraden, die sich verfehlt hatten, an die Wand zu stellen und zu erschießen, genau so wenig haben wir darüber jemals gesprochen und werden je darüber sprechen. Es war eine Gottseidank in uns wohnende Selbstverständlichkeit des Taktes, dass wir uns untereinander nie darüber unterhalten haben, nie darüber sprachen. Es hat jeden geschaudert, und doch war sich jeder klar darüber, dass er es das nächste Mal wieder tun würde, wenn es befohlen wird, und wenn es notwendig ist.
Ich meine jetzt die Judenevakuierung, die Ausrottung des jüdischen Volkes. Es gehört zu den Dingen, die man leicht ausspricht. – „Das jüdische Volk wird ausgerottet", sagt ein jeder Parteigenosse, „ ganz klar, steht in unserem Programm, Ausschaltung der Juden, Ausrottung, machen wir."
Und dann kommen sie alle an, die braven 80 Millionen Deutschen, und jeder hat seinen anständigen Juden. Es ist ja klar, die anderen sind Schweine, aber dieser eine ist ein prima Jude. Von allen, die so reden, hat keiner zugesehen, keiner hat es durchgestanden. Von Euch werden die meisten wissen, was es heißt, wenn 100 Leichen beisammen liegen, wenn 500 daliegen oder wenn 1000 daliegen. Dies durchgehalten zu haben, und dabei – abgesehen von Ausnahmen menschlicher Schwä-

chen – anständig geblieben zu sein, das hat uns hart gemacht. Dies ist ein niemals geschriebenes und niemals zu schreibendes Ruhmesblatt unserer Geschichte, denn wir wissen, wie schwer wir uns täten, wenn wir heute noch in jeder Stadt – bei den Bombenangriffen, bei den Lasten und bei den Entbehrungen des Krieges – noch die Juden als Geheimsaboteure, Agitatoren und Hetzer hätten. Wir würden wahrscheinlich jetzt in das Stadium des Jahres 1916/17 gekommen sein, wenn die Juden noch im deutschen Volkskörper säßen.
Die Reichtümer, die sie hatten, haben wir ihnen abgenommen. Ich habe einen strikten Befehl gegeben, den SS-Obergruppenführer Pohl durchgeführt hat, dass diese Reichtümer selbstverständlich restlos an das Reich abgeführt wurden. Wir haben uns nichts davon genommen. Einzelne, die sich verfehlt haben, werden gemäß einem von mir zu Anfang gegebenen Befehl bestraft, der androhte: Wer sich auch nur eine Mark davon nimmt, der ist des Todes. Eine Anzahl SS-Männer – es sind nicht sehr viele – haben sich dagegen verfehlt, und sie werden des Todes sein, gnadelos. Wir hatten das moralische Recht, wir hatten die Pflicht gegenüber unserem Volk, dieses Volk, das uns umbringen wollte, umzubringen. Wir haben aber nicht das Recht, uns auch nur mit einem Pelz, mit einer Uhr, mit einer Mark oder mit einer Zigarette oder mit sonst etwas zu bereichern. Wir wollen nicht am Schluss, weil wir einen Bazillus ausrotteten, an dem Bazillus krank werden und sterben. Ich werde niemals zusehen, dass hier auch nur eine kleine Fäulnisstelle entsteht oder sich festsetzt. Wo sie sich bilden sollte, werden wir sie gemeinsam ausbrennen. Insgesamt aber können wir sagen, dass wir diese schwerste Aufgabe in Liebe zu unserem Volk erfüllt haben. Und wir haben keinen Schaden in unserem Inneren, in unserer Seele, in unserem Charakter daran genommen.

(Aus: Heinz Hürten (Hrsg.), Deutsche Geschichte in Quellen und Darstellung, Band 9: Weimarer Republik und Drittes Reich, Stuttgart: Philipp Reclam 1995, S. 422 ff.)

▶ **Aufgaben**

1. Welchen Eindruck will Hitler erwecken (M 1)?
2. Was sagen die Quellen M 2 bis M 5 über Umgang der Nazis mit den Juden aus? Beachte dabei den Zeitpunkt der Äußerungen.
3. Was sagen die verschiedenen Materialien (M 6 bis M 10) über die Ziele und die Realität der NS-Politik gegenüber den Juden aus?
4. Was sind die Kernaussagen der Himmler-Rede (M 10)? Warum ist es wichtig zu wissen, wer bei dieser Rede anwesend war?
5. Zeichne stichpunktartig nach, wie die Nazis mit den Juden zwischen 1933 und 1945 in Deutschland und den besetzten Gebieten umgingen.

**M 1**   **Autobahnbau in Handarbeit**

© bpk, Berlin

**M 2**   **Propagandabild aus einem Zigarettenalbum**

© Claus Gigl, Moosburg

 © Ernst Klett Schulbuchverlag Leipzig GmbH, Leipzig 2004.
Alle Rechte vorbehalten. ISBN 3-12-927916-4

### M 3 Die „Straßen des Führers"

So ergibt sich bei näherer Betrachtung der Autobahn-Legende: Hitler hatte weder als erster die Idee zu den Autobahnen, noch hat er sie als erster gebaut. Die vorhandenen Strecken und die Vorarbeiten während der Weimarer Republik ermöglichten es ihm, in kurzer Zeit ein Projekt aufzubauen und propagandistisch auszuwerten, wie es für Diktaturen typisch ist. So nützlich sich heute Autobahnen erweisen, für die damalige Wirtschaftslage und Motorisierungsdichte in Deutschland waren sie ein Luxus, für den der Normalverbraucher und schließlich bei der Währungsreform 1948 der Spa-rer zu zahlen hatte. Die notwendige Arbeitsbeschaffung hätte produktiver ansetzen können, wie das Beispiel anderer Länder (USA) zeigt.

Im übrigen gibt es an der technischen Leistung des Autobahnbaues nichts zu verkleinern.

Die Autobahnen sind nicht deshalb „schlecht", weil Hitler sie gebaut hat.

(Aus: H.-J. Winkler: Legenden um Hitler, zit. nach: Kurt Zentner, Illustrierte Geschichte des Dritten Reiches, München: Südwest Verlag 1965, S. 255)

### M 4 Reichsarbeitsdienstgesetz vom 26. Juni 1935

§ 1.1. Der Reichsarbeitsdienst ist Ehrendienst am deutschen Volke.
2. Alle jungen Deutschen beiderlei Geschlechts sind verpflichtet, ihrem Volk im Reichsarbeitdienst zu dienen.
3. Der Reichsarbeitsdienst soll die deutsche Jugend im Geist des Nationalsozialismus zur Volksgemeinschaft und zur wahren Arbeitsauffassung, vor allem zur gebührenden Achtung der Handarbeit erziehen.
4. Der Reichsarbeitsdienst ist zur Durchführung gemeinnütziger Arbeiten bestimmt.

§ 2.1. Der Reichsarbeitsdienst untersteht dem Reichsminister des Innern. Unter ihm übt der Reichsarbeitsführer die Befehlsgewalt über den Reichsarbeitsdienst aus.
2. Der Reichsarbeitsführer steht an der Spitze der Reichsleitung des Arbeitsdienstes; er bestimmt die Organisation, regelt den Arbeitseinsatz und leitet Ausbildung und Erziehung.

§ 3.1. Der Führer und Reichskanzler bestimmt die Zahl der alljährlich einzuberufenden Dienstpflichtigen und setzt die Dauer der Dienstzeit fest.
2. Die Dienstpflicht beginnt frühestens nach vollendetem 18. und endet spätestens mit Vollendung des 25. Lebensjahres [...]

§ 7.1. Zum Reichsarbeitsdienst kann nicht zugelassen werden, wer nichtarischer Abstammung ist oder mit einer Person nichtarischer Abstammung verheiratet ist [...]

§ 9. Die Vorschriften über die Arbeitsdienstpflicht der weiblichen Jugend bleiben besonderer Regelung vorbehalten [...]

§ 18. Die Angehörigen des Reichsarbeitsdienstes bedürfen zur Verheiratung besonderer Genehmigung.

(Zit. nach: W. Michalka (Hrsg.), Deutsche Geschichte 1933-1945, Frankfurt/Main: Fischer 1996, S. 61 f.)

▶ **Aufgaben**
1. Vergleiche die Abbildungen M 1 und M 2. Welcher Eindruck entsteht?
2. Inwiefern eignen sich die Darstellung des Historikers Winkler (M 3) und der Gesetzestext (M 4) dazu, mit einer „Legende um Hitler" aufzuräumen?

**M 1**    **Hitler über das Verhältnis von Wirtschaft und Macht**

> ▪ Die Macht ist immer die Wegbereiterin der Wirtschaft gewesen.

(Aus: P. Meier-Benneckenstein (Hrsg.), Dokumente der Deutschen Politik, Berlin: Hochschule für Politik 1937, Band 1, Nr. 74, S. 202)

**M 2**    **Hitler über das Verhältnis von Wirtschaft und Staat**

> ▪ Der Staat befiehlt und die Wirtschaft hat diesem Befehl nachzukommen.

(Zit. nach: Kurt Zentner, Illustrierte Geschichte des Dritten Reiches, München: Südwest Verlag 1965, S. 245)

**M 3**    **Göring über das Verhältnis von Wirtschaft und Rüstung**

Die Auseinandersetzung, der wir entgegengehen, verlangt ein riesiges Ausmaß von Leistungsfähigkeit. Es ist kein Ende der Aufrüstung abzusehen. Allein entscheidend ist hier der Sieg oder Untergang. Wenn wir siegen, wird die Wirtschaft genug entschädigt werden! Man kann sich hier nicht richten nach buchmäßiger Gewinnrechnung, sondern nur nach den Bedürfnissen der Politik. Es darf nicht kalkuliert werden, was es kostet. Ich verlange, dass Sie alles tun und beweisen, dass ihnen ein Teil des Volksvermögens anvertraut ist. Ob sich in jedem Fall die Neuanlagen abschreiben lassen, ist völlig gleichgültig. Wir spielen jetzt um den höchsten Einsatz. Was würde sich wohl mehr lohnen, als Aufträge für die Aufrüstung?

(Zit. nach: Internationaler Militärgerichtshof: Der Prozeß gegen die Hauptkriegsverbrecher, Nürnberg 1947-1949, Band 36, S. 489 ff.)

**M 4**    **Hitler über die Notwendigkeit von Arbeitsbeschaffungsmaßnahmen**

Jede öffentlich geförderte Arbeitsbeschaffungsmaßnahme (so führte Hitler aus) müsse unter dem Gesichtspunkt beurteilt werden, ob sie notwendig sei vom Gesichtspunkt der Wiederwehrhaftmachung des deutschen Volkes.

(Zit. nach: H.-U. Thamer, Verführung und Gewalt. Deutschland 1933–1945, Berlin: Siedler 1986, S. 477)

**M 5**    **Aus dem „Gesetz zur Verminderung der Arbeitslosigkeit" (1. Juni 1933)**

§ 1. (1) Der Reichsminister der Finanzen wird ermächtigt, Arbeitsschatzanweisungen im Gesamtbetrag bis zu einer Milliarde Reichsmark zur Förderung der nationalen Arbeit, insbesondere für die folgenden Zwecke auszugeben:

1. Instandsetzungs- und Ergänzungsarbeiten an Verwaltungs- und Wohngebäuden, Brücken und anderen Baulichkeiten der Länder, Gemeinden, Gemeindeverbände und sonstigen öffentlich-rechtlichen Körperschaften,
2. Instandsetzung von Wohngebäuden und von Wirtschaftsgebäuden landwirtschaftlicher Betriebe, Teilung von Wohnungen und Umbau sonstiger Räume in Wohngebäuden zu Kleinwohnungen,
3. vorstädtische Kleinsiedlungen,
4. landwirtschaftliche Siedlungen,
5. Flussregulierungen,
6. Anlagen zur Versorgung der Bevölkerung mit Gas, Wasser und Elektrizität,
7. Tiefbauarbeiten (Erdarbeiten) der Länder, Gemeinden und Gemeindeverbände,
8. Sachleistungen an Hilfsbedürftige.

(Zit. nach: W. Conze, Der Nationalsozialismus 1919 – 1933, Stuttgart: Klett 1997, S. 78 f.)

**M 6** Sowjetrussisches Flugblatt (nach Juni 1941)

Aus: Herbert und Werner Krüger: Geschichte in Karikaturen. Reclam, Stuttgart 1984, S. 163

**M 7** Aus dem „Gesetz zur Ordnung der nationalen Arbeit" (20. Januar 1934)

§ 1. Im Betriebe arbeiten der Unternehmer als Führer des Betriebes, die Angestellten und Arbeiter als Gefolgschaft gemeinsam zur Förderung der Betriebszwecke und zum gemeinsamen Nutzen von Volk und Staat.

§ 2. (1) Der Führer des Betriebes entscheidet der Gefolgschaft gegenüber in allen betrieblichen Angelegenheiten, soweit sie durch dieses Gesetz geregelt werden. (2) Er hat für das Wohl der Gefolgschaft zu sorgen. Diese hat ihm die in der Betriebsgemeinschaft begründete Treue zu halten.
[…]

§ 5. (1) Dem Führer des Betriebs mit in der Regel mindestens zwanzig Beschäftigten treten aus der Gefolgschaft Vertrauensmänner beratend zur Seite. Die bilden mit ihm und unter seiner Leitung den Vertrauensrat des Betriebs.

(Zit. nach: W. Conze, Der Nationalsozialismus 1919–1933, Stuttgart: Klett 1997, S. 80 f.)

▶ **Aufgaben**

1. Wie schätzen Hitler und Göring die Wirtschaft (gemeint ist die Industrie) ein (M 1–M 4)?
2. Welche Bereiche werden durch das „Gesetz zur Verminderung der Arbeitslosigkeit" (M 5) besonders gefördert? Warum gerade diese?
3. Untersuche die Aussage des Flugblattes (M 6).
4. Beurteile die Formulierungen im „Gesetz zur Ordnung der nationalen Arbeit" (M 7). Wie sollte mit Konflikten umgegangen werden?

## M 1 Amtliche Lehrkarte für den Schulgebrauch (1929)

Aus: Horst Möller u. a. (Hrsg.): Die tödliche Utopie. Bilder, Texte, Dokumente, Daten zum
Dritten Reich. Institut für Zeitgeschichte, Berlin 1999, S. 349

## M 2 Staatssekretär Bernhard von Bülow zur außenpolitischen Lage Deutschlands (13. März 1933)

In Deutschlands besonderer Lage ist es das Gegebene, außenpolitische Konflikte möglichst so lange zu vermeiden, bis wir weiter erstarkt sind. Die Weltwirtschaftskrise gibt uns die große Chance, durch planmäßiges Vorgehen die allgemeinen Übel rascher als Andere zu überwinden und damit zu einer für uns vorteilhafteren Neugestaltung der weltwirtschaftlichen Situation zu gelangen. Auf diesem Wege ließe sich ein für uns günstigeres Kräfteverhältnis zum Mindesten in Europa erreichen. Durch Ausschaltung politischer Konflikte und Konzentrierung auf wirtschaftliche Fragen würden wir kriegerischen Gefahren entgehen, denen wir zur Zeit nicht gewachsen sind. Bei einem unzeitigen Vorprellen mit außenpolitischen Forderungen würden wir voraussichtlich alle wichtigen Mächte gegen uns haben und die Erfüllung dieser Forderungen auf lange Zeit hinaus gefährden. [...]

Die wesentlichsten Momente hierbei wären eine enge diplomatische Zusammenarbeit mit England und Italien, möglichste Beruhigung der Französischen Regierung über die Frankreich besonders interessierenden Punkte (z. B. das deutsche Wehrprogramm), ein gutes Verhältnis zu Russland, vertrauensvolle Beziehungen zu den Vereinigten Staaten und aktive Mitarbeit an allen international behandelten Fragen.

(Zit. nach: W. Michalka (Hrsg.), Deutsche Geschichte 1933–1945, Frankfurt/Main: Fischer 1996, S. 133 f.)

## M 3 Hitlers außenpolitische Vorstellungen – aus einer Ansprache vor den Generälen (3. Februar 1933)

Ziel der Gesamtpolitik allein: Wiedergewinnung der pol. Macht. Hierauf muss gesamte Staatsführung eingestellt werden (alle Ressorts).

1. Im Innern. Völlige Umkehrung der gegenwärt. innenpol. Zustände in D. Keine Duldung der Betätigung irgendeiner Gesinnung, die dem Ziel entgegensteht (Pazifismus!). Wer sich nicht bekehren lässt, muss gebeugt werden. Ausrottung des Marxismus mit Stumpf und Stiel. Einstellung der Jugend u. des ganzen Volkes auf den Gedanken, dass nur d. Kampf uns retten kann u. diesem Gedanken gegenüber alles zurückzutreten hat. (Verwirklicht in d. Millionen d. Nazi-Beweg. Sie wird wachsen.) Ertüchtigung der Jugend u. Stärkung des Wehrwillens mit allen Mitteln. Todesstrafe für Landes- u. Volksverrat. Straffste autoritäre Staatsführung. Beseitigung des Krebsschadens der Demokratie!

2. Nach außen. Kampf gegen Versailles. Gleichberechtigung in Genf; aber zwecklos, wenn Volk nicht auf Wehrwillen eingestellt. Sorge für Bundesgenossen. [...]

4. Aufbau der Wehrmacht wichtigste Voraussetzung für Erreichung des Ziels: Wiedererringung der pol. Macht. Allg. Wehrpflicht muss wieder kommen. Zuvor aber muss Staatsführung dafür sorgen, dass die Wehrpflichtigen vor Eintritt nicht schon durch Pazif., Marxismus, Bolschewismus vergiftet werden oder nach Dienstzeit diesem Gifte verfallen.

Wie soll pol. Macht, wenn sie gewonnen ist, gebraucht werden? Jetzt noch nicht zu sagen. Vielleicht Erkämpfung neuer Export-Mögl., vielleicht – und wohl besser – Eroberung neuen Lebensraumes im Osten u. dessen rücksichtslose Germanisierung. Sicher, dass erst mit pol. Macht u. Kampf jetzige wirtsch. Zustände geändert werden können. Alles, was jetzt geschehen kann – Siedlung – Aushilfsmittel.

Wehrmacht ist wichtigste u. sozialistischste Einrichtung d. Staates. Sie soll unpol. u. überparteilich bleiben. Der Kampf im Innern nicht ihre Sache, sondern der Nazi-Organisationen. Anders wie in Italien keine Verquickung v. Heer u. SA beabsichtigt. – Gefährlichste Zeit ist die des Aufbaus der Wehrmacht. Da wird sich zeigen, ob Fr(ankreich) Staatsmänner hat; wenn ja, wird es uns Zeit nicht lassen, sondern über uns herfallen (vermutlich mit Ost-Trabanten).

(Zit. nach: W. Hofer (Hrsg.), Der Nationalsozialismus 1933–1945, Frankfurt / Main: Fischer 1976, S. 180)

### M 4  Außenpolitische Erklärung Hitlers vor dem Reichstag (17. Mai 1933)

Wenn ich in diesem Augenblicke bewusst als deutscher Nationalsozialist spreche, so möchte ich namens der nationalen Regierung und der gesamten nationalen Erhebung bekunden, dass gerade uns und dieses junge Deutschland das tiefste Verständnis beseelt für die gleichen Gefühle und Gesinnungen sowie die begründeten Lebensansprüche der anderen Völker. Die Generation des jungen Deutschlands, die in ihrem bisherigen Leben nur die Not, das Elend und den Jammer des eigenen Volkes kennen lernte, hat zu sehr unter dem Wahnsinn gelitten, als dass sie beabsichtigen könnte, das gleiche anderen zuzufügen. Unser Nationalsozialismus ist ein Prinzip, das uns als Weltanschauung grundsätzlich allgemein verpflichtet. Indem wir in grenzenloser Liebe und Treue an unserem eigenen Volkstum hängen, respektieren wir die nationalen Rechte auch der anderen Völker aus dieser selben Gesinnung heraus und möchten aus tiefinnerstem Herzen mit ihnen in Frieden und Freundschaft leben.

Wir kennen daher auch nicht den Begriff des „Germanisierens".

[…] Wir sehen die europäischen Nationen und uns als gegebene Tatsache. Franzosen, Polen usw. sind unsere Nachbarvölker, und wir wissen, dass kein geschichtlich denkbarer Vorgang diese Wirklichkeit ändern könnte. […]

Die deutsche Regierung wünscht, sich über alle schwierigen Fragen politischer und wirtschaftlicher Natur mit den anderen Nationen friedlich und vertraglich auseinander zu setzen. Sie weiß, dass jeder militärische Akt in Europa auch im Falle seines vollständigen Gelingens, gemessen an seinen Opfern, in keinem Verhältnis steht zum möglichen endgültigen Gewinn. […]

(Zit. nach: W. Conze, Der Nationalsozialismus 1934–1945, Stuttgart: Klett 2001, S. 40 f.)

### M 5  Hitlers außenpolitische Vorstellungen (Auszug aus der Hoßbach-Niederschrift, 5. November 1937)

Das Ziel der deutschen Politik sei die Sicherung und die Erhaltung der Volksmasse und deren Vermehrung. […] Die einzige, uns vielleicht traumhaft erscheinende Abhilfe läge in der Gewinnung eines größeren Lebensraumes, ein Streben, das zu allen Zeiten die Ursache der Staatsbildungen und Völkerbewegungen gewesen sei. Dass dieses Streben in Genf und bei den gesättigten Staaten keinem Interesse begegne, sei erklärlich. […]

Zur Verbesserung unserer militär-politischen Lage müsse in jedem Fall einer kriegerischen Verwicklung unser 1. Ziel sein, die Tschechei und gleichzeitig Österreich niederzuwerfen, um die Flankenbedrohung eines etwaigen Vorgehens nach Westen auszuschalten. […]

Sei die Tschechei niedergeworfen, eine gemeinsame Grenze Deutschland-Ungarn gewonnen, so könne eher mit einem neutralen Verhalten Polens in einem deutsch-französischen Konflikt gerechnet werden. Unsere Abmachungen mit Polen behielten nur solange Geltung als Deutschlands Stärke unerschüttert sei, bei deutschen Rückschlägen müsse ein Vorgehen Polens gegen Ostpreußen, vielleicht auch gegen Pommern und Schlesien in Rechnung gestellt werden. […]

(Aus: Heinz Hürten (Hrsg.), Deutsche Geschichte in Quellen und Darstellung, Band 9: Weimarer Republik und Drittes Reich, Stuttgart: Philipp Reclam 1995, S. 291 ff.)

▶ **Aufgaben**

1. Liste die Fakten, die du der Karte (M 1) entnehmen kannst, geordnet auf. Überlege, welche Wirkung die Karte auf die Schülerinnen und Schüler hatte. Bedenke dabei, dass die Karte noch aus der Weimarer Republik stammt.

2. Welche Ziele der deutschen Außenpolitik formuliert von Bülow (M 2)? Unterscheide nach kurzfristigen und nach langfristigen Zielsetzungen.

3. Welche außenpolitischen Vorstellungen Hitlers zeigen sich in M 3, M 4 und M 5? Welche Rolle spielen dabei die Adressaten der jeweiligen Rede?

**M 1** **Die deutsche Außenpolitik von 1933–1939**

**Ziele aus: „Mein Kampf"**

– angebliche Revision des Versailler Vertrags     – Großdeutsches Reich     – Lebensraum im Osten

**Zweigleisige Außenpolitik**

| Friedensbeteuerungen | Zeitpunkt | Politik der vollendeten Tatsachen |
|---|---|---|
| Regierungserklärung: Frieden und Gleich-berechtigung Deutschlands | 1933 | Rede vor den Reichswehrgeneralen: Eroberung von Lebensraum im Osten, „rücksichtslose Germanisierung" |
| Konkordat mit dem Vatikan | 1933 | |
| | 1933 | Austritt aus dem Völkerbund |
| Nichtangriffspakt mit Polen | 1934 | |
| Flottenabkommen mit England | 1935 | – Angliederung des Saarlands<br>– Einführung der allgemeinen Wehrpflicht |
| Olympische Spiele in Berlin | 1936 | – Kündigung des Locarno-Vertrags<br>– Besetzung des Rheinlands<br>– Teilnahme am spanischen Bürgerkrieg<br>– Nichtangriffspakt mit Belgien<br>– Nichtangriffspakt mit Frankreich<br>– „Achse Berlin – Rom"<br>– Antikominternpakt (D-I-Jap) |
| | 1937 | Hoßbach-Niederschrift: konkrete Kriegspläne |
| | März 1938 | Einmarsch in Österreich |
| Münchner Konferenz | Oktober 1938 | Besetzung des Sudentenlands |
| | März 1939 | – Besetzung der „Resttschechei": „Protektorat Böhmen und Mähren"<br>– Einmarsch ins Memelland |
| | April 1939 | – Kündigung des dt.-poln. Nichtangriffs-pakts (von 1934)<br>– Kündigung des dt.-engl. Flottenabkom-mens (von 1935) |
| | August 1939 | Hitler-Stalin-Pakt |
| | 1. September 1939 | Überfall auf Polen: Beginn des Zweiten Weltkrieg |

▶ **Aufgaben**

1. Was versteht man unter der „zweigleisigen Außenpolitik" Hitlers?
2. Bei welchen Ereignissen erscheint dir die Zuordnung (zur Spalte „Friedensbeteu-erungen" bzw. zu „Politik der vollendeten Tatsachen") nicht eindeutig?

 © Ernst Klett Schulbuchverlag Leipzig GmbH, Leipzig 2004.
Alle Rechte vorbehalten. ISBN 3-12-927916-4

### M 1 Deutsche Propagandapostkarte (1938)

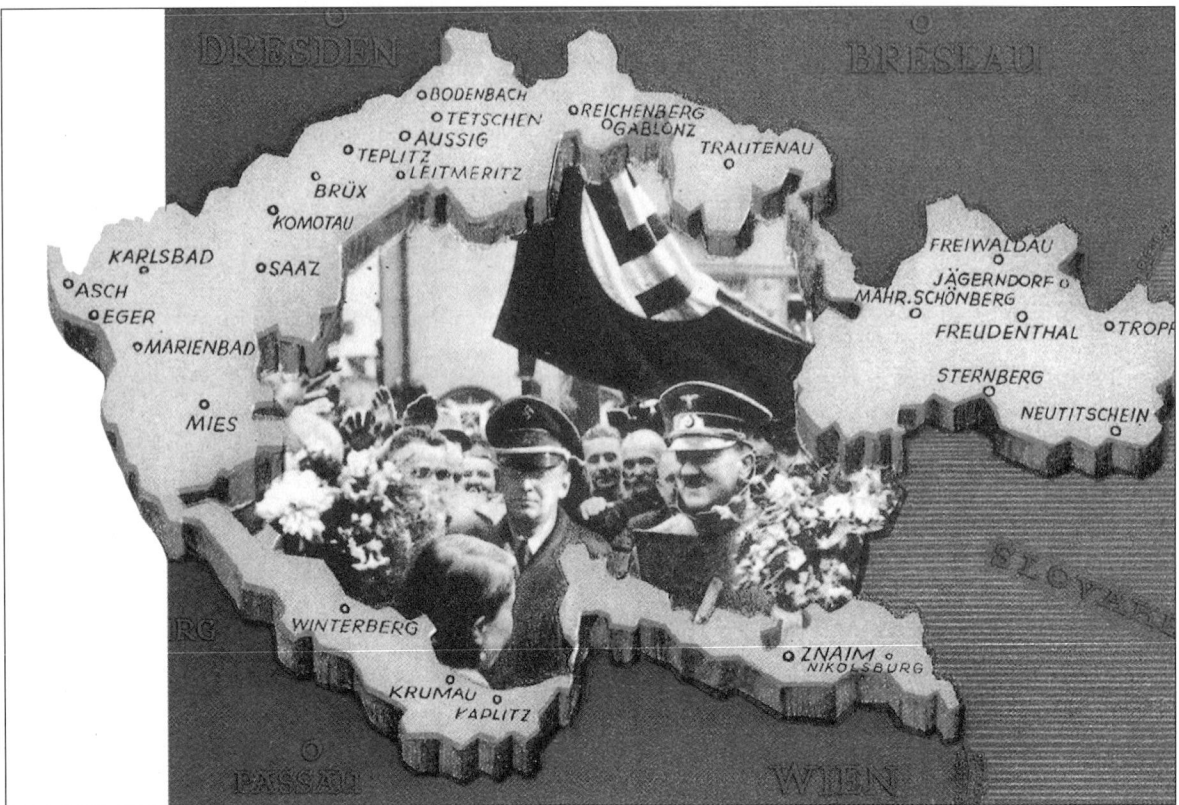

Aus: Time Life. Junges Wissen. Im Schatten der Weltkriege. Bertelsmann, München 1993, S. 72

### M 2 Forderungen der Sudetendeutschen Partei und ihres Führers Konrad Henlein (Frühjahr 1938)

(25. 4. 1938 in Karlsbad)
1. Herstellung der vollen Gleichberechtigung der deutschen Volksgruppe mit dem tschechischen Volk.
2. Anerkennung der sudetendeutschen Volksgruppe als Rechtspersönlichkeit zur Wahrung dieser gleichberechtigten Stellung im Staate.
3. Feststellung und Anerkennung des sudetendeutschen Siedlungsgebietes.
4. Aufbau einer sudetendeutschen Selbstverwaltung im sudetendeutschen Siedlungsgebiet in allen Bereichen des öffentlichen Lebens, soweit es sich um die Interessen und Angelegenheiten der deutschen Volksgruppen handelt.
5. Schaffung gesetzlicher Schutzbestimmungen für jene sudetendeutschen Staatsangehörigen, die außerhalb des geschlossenen Siedlungsgebietes ihrer Volksgruppe leben.
6. Beseitigung des dem Sudetendeutschtum seit 1918 zugeführten Unrechts und Wiedergutmachung der ihm durch dieses Unrecht entstandenen Schäden.
7. Anerkennung und Durchführung des Grundsatzes: Im deutschen Gebiet deutsche öffentliche Angestellte.

8. Volle Freiheit des Bekenntnisses zum deutschen Volkstum und zur deutschen Weltanschauung.

(Aus: Günter Schönbrunn (Bearb.), Weltkriege und Revolutionen 1914–1945, München: Bayerischer Schulbuchverlag 1975, S. 378)

### M 3 Bericht über Hitlers Haltung zur „Sudetendeutschen Frage" (Frühjahr 1938)

[…] Der Führer erklärte, dass er beabsichtige, das tschechoslowakische Problem in nicht allzu langer Zeit zu lösen. Er könne es nicht mehr dulden, dass Deutsche drangsaliert würden oder auf Deutsche geschossen würde. […] Henlein hat dem Führer gegenüber seine Auffassung folgendermaßen zusammengefasst: Wir müssen also immer so viel fordern, dass wir nicht zufriedengestellt werden können. Diese Auffassung bejahte der Führer.

(Aus: Günter Schönbrunn (Bearb.), Weltkriege und Revolutionen 1914–1945, München: Bayerischer Schulbuchverlag 1975, S. 377)

Arbeitsblätter Geschichte
Der Nationalsozialismus

## M 4 Aus dem Notenwechsel der englischen und französischen Regierung (18. September 1938)

Wir sind beide davon überzeugt, dass nach den jüngsten Ereignissen jetzt ein Punkt erreicht ist, wo das weitere Verbleiben der hauptsächlich von Sudetendeutschen bewohnten Bezirke innerhalb der Grenzen des tschechoslowakischen Staates tatsächlich nicht mehr ohne eine Gefährdung der Interessen der Tschechoslowakei selber und des europäischen Friedens möglich ist. Im Lichte dieser Erwägungen sind beide Regierungen zu der Schlussfolgerung veranlasst worden, dass die Aufrechterhaltung des Friedens und die Sicherheit der Lebensinteressen der Tschechoslowakei nur dann wirksam gesichert werden können, wenn diese Gebiete jetzt an das Reich abgetreten werden.

(Aus: Günter Schönbrunn (Bearb.), Weltkriege und Revolutionen 1914–1945, München: Bayerischer Schulbuchverlag 1975, S. 389)

## M 5 Aus der tschechoslowakischen Note vom 21. September 1938

1. Durch die Umstände gezwungen und auf äußerstes Drängen der französischen und englischen Regierung akzeptiert die Regierung der tschechoslowakischen Republik mit Bitternis die französisch-englischen Vorschläge. [...]
2. Die Regierung der tschechoslowakischen Republik konstatiert mit Betrübnis, dass sie bei der Ausarbeitung dieser Vorschläge nicht einmal vorher befragt wurde. [...]

(Aus: Günter Schönbrunn (Bearb.), Weltkriege und Revolutionen 1914–1945, München: Bayerischer Schulbuchverlag 1975, S. 390)

## M 6 Aus dem Bericht des englischen Unterhändlers in Prag (21. September 1938)

Ich bringe jedoch der Sache der Sudentendeutschen große Sympathie entgegen. Es ist hart, von einer fremden Rasse regiert zu werden, und mein Eindruck ist, dass die tschechoslowakische Verwaltung im Sudetengebiet, wenn sie auch in den letzten 20 Jahren keine aktive Unterdrückung ausübte und gewiss nicht „terroristisch" war, dennoch einen solchen Mangel an Takt und Verständnis und so viel kleinliche Intoleranz und Diskriminierung an den Tag legte, dass sich die Unzufriedenheit der deutschen Bevölkerung unvermeidlich zur Empörung fortentwickeln musste.

(Aus: Günter Schönbrunn (Bearb.), Weltkriege und Revolutionen 1914–1945, München: Bayerischer Schulbuchverlag 1975, S. 388 f.)

## M 7 Hitlers Haltung in der Sudetenkrise (26. September 1938)

Ich habe nur weniges zu erklären: ich bin Herrn Chamberlain [britischer Premierminister] dankbar für alle seine Bemühungen. Ich habe ihm versichert, dass das deutsche Volk nichts anderes will als Frieden; allein, ich habe ihm auch erklärt, dass ich nicht hinter die Grenzen unserer Geduld zurückgehen kann.
Ich habe ihm weiter versichert und wiederhole es hier, dass es – wenn dieses Problem gelöst ist – für Deutschland in Europa kein territoriales Problem mehr gibt!
Und ich habe ihm weiter versichert, dass in dem Augenblick, in dem die Tschechoslowakei ihre Probleme löst, das heißt, in dem die Tschechen mit ihren anderen Minderheiten sich auseinandergesetzt haben, und zwar friedlich und nicht durch Unterdrückung, dass ich dann am tschechischen Staat nicht mehr interessiert bin.
Und das wird ihm garantiert! Wir wollen gar keine Tschechen! Allein ebenso will ich nun vor dem deutschen Volk erklären, dass in Bezug auf das sudetendeutsche Problem meine Geduld jetzt zu Ende ist!
Ich habe Herrn Benesch [tschechoslowakischer Ministerpräsident] ein Angebot gemacht, das nichts anderes ist als die Realisierung dessen, was er selbst schon zugesichert hat. Er hat jetzt die Entscheidung, in seiner Hand! Frieden oder Krieg!
Er wird entweder dieses Angebot akzeptieren und den Deutschen jetzt endlich die Freiheit geben, oder wir werden diese Freiheit uns selbst holen! [...]

(Aus: Günter Schönbrunn (Bearb.), Weltkriege und Revolutionen 1914–1945, München: Bayerischer Schulbuchverlag 1975, S. 399 f.)

© Ernst Klett Schulbuchverlag Leipzig GmbH, Leipzig 2004.
Alle Rechte vorbehalten. ISBN 3-12-927916-4

**M 8** **Aus Hitlers Unterredung mit dem tschechischen Staatspräsidenten Hacha am 15. März 1939**

Morgen um 6 Uhr rücke von allen Seiten her die deutsche Armee in die Tschechei ein, und die deutsche Luftwaffe werde die tschechischen Flughäfen besetzen. Es gäbe zwei Möglichkeiten. Die erste sei die, dass sich das Einrücken der deutschen Truppen zu einem Kampf entwickelt. Dann wird dieser Widerstand mit allen Mitteln mit Brachialgewalt gebrochen. Die andere ist die, dass sich der Einmarsch der deutschen Truppen in erträglicher Form abspielt, dann würde es dem Führer leicht, bei der Neugestaltung des tschechischen Lebens der Tschechoslowakei ein großzügiges Eigenleben, eine Autonomie und eine gewisse nationale Freiheit zu geben.

Wir erlebten im Augenblick einen großen geschichtlichen Wendepunkt. Er wolle die Tschechen nicht quälen und nicht entnationalisieren. Er täte dieses alles auch nicht aus Hass, sondern um Deutschland zu schützen. Wenn im Herbst vorigen Jahres die Tschechoslowakei nicht nachgegeben hätte, so wäre das tschechische Volk ausgerottet worden. Keiner hätte ihn dann daran gehindert. Sein Wille sei, dass das tschechische Volk sich national ausleben solle, und er glaube fest, dass eine Form zu finden sei, in der den tschechischen Wünschen weitgehend entgegengekommen werde. Käme es morgen zum Kampf, so würde der Druck Gegendruck erzeugen. Man würde sich gegenseitig aufreiben, und es sei ihm dann nicht mehr möglich, die versprochenen Erleichterungen zu geben. Die tschechische Armee würde in zwei Tagen nicht mehr existieren. […]

Hacha sagt, dass für ihn die Situation völlig klar und dass hier jeder Widerstand nutzlos sei.

(Aus: J. u. K. Hohlfeld (Hrsg.), Dokumente der Deutschen Politik und Geschichte von 1848 bis zur Gegenwart, Band 5, Berlin: Dokumenten-Verlag 1951, S. 18 f.)

▶ **Aufgaben**

1. Entschlüssele mithilfe einer geografischen Karte die auf der Postkarte (M 1) dargestellten Regionen. Beachte die Anordnung der einzelnen Bildelemente. Was kannst du daraus schließen? Überprüfe deine Hypothese mithilfe der folgenden Quellen M 2 bis M 8.
2. Wie ist die Situation der Sudetendeutschen (M 2) nach Aussage Konrad Henleins? Ist Henleins Darstellung glaubwürdig (M 3)?
3. Wie entwickelt sich der Konflikt um das Sudentenland (M 4–M 8). Beurteile diese Entwicklung.

### M 1  Der deutsch-sowjetische Nichtangriffspakt (23. September 1939)

Die Deutsche Reichsregierung und die Regierung der Union der Sozialistischen Sowjetrepubliken, geleitet von dem Wunsche, die Sache des Friedens zwischen Deutschland und der UdSSR zu festigen, und ausgehend von den grundlegenden Bestimmungen des Neutralitätsvertrages, der im April 1926 zwischen Deutschland und der UdSSR geschlossen wurde, sind zu nachstehender Vereinbarung gelangt:

Artikel I. Die beiden Vertragschließenden Teile verpflichten sich, sich jeden Gewaltakts, jeder aggressiven Handlung und jeden Angriffs gegeneinander, und zwar sowohl einzeln als auch gemeinsam mit anderen Mächten, zu enthalten.

Artikel II. Falls einer der Vertragschließenden Teile Gegenstand kriegerischer Handlungen seitens einer dritten Macht werden sollte, wird der andere Vertragschließende Teil in keiner Form diese dritte Macht unterstützen.

Artikel III. Die Regierungen der beiden Vertragschließenden Teile werden künftig fortlaufend zwecks Konsultation in Fühlung miteinander bleiben, um sich gegenseitig über Fragen zu informieren, die ihre gemeinsamen Interessen berühren.

Artikel IV. Keiner der beiden Vertragschließenden Teile wird sich an irgend einer Mächtegruppierung beteiligen, die sich mittelbar oder unmittelbar gegen den anderen Teil richtet.

Artikel V. Falls Streitigkeiten oder Konflikte zwischen den Vertragschließenden Teilen über Fragen dieser oder jener Art entstehen sollten, werden beide Teile diese Streitigkeiten oder Konflikte ausschließlich auf dem Wege freundschaftlichen Meinungsaustausches oder nötigenfalls durch Einsetzung von Schlichtungskommissionen bereinigen.

Artikel VI. Der gegenwärtige Vertrag wird auf die Dauer von zehn Jahren abgeschlossen mit der Maßgabe, dass, soweit nicht einer der Vertragschließenden Teile ein Jahr vor Ablauf dieser Frist kündigt, die Dauer der Wirksamkeit dieses Vertrages automatisch für weitere fünf Jahre als verlängert gilt.

Artikel VII. Der gegenwärtige Vertrag soll innerhalb möglichst kurzer Frist ratifiziert werden. Die Ratifizierungsurkunden sollen in Berlin ausgetauscht werden. Der Vertrag tritt sofort mit seiner Unterzeichnung in Kraft.

Moskau, am 23. August 1939.
Für die Deutsche Reichsregierung: von Ribbentrop.
In Vollmacht der Regierung der UdSSR: W. Molotow.

(Aus: J. Hohlfeld (Hrsg.), Dokumente der Deutschen Politik und Geschichte von 1848 bis zur Gegenwart, Band 5, Berlin: Dokumenten Verlag 1951, S. 89 f.)

### M 2  Britische Karikatur von David Low zum Hitler-Stalin-Pakt

© bpk, Berlin

## M 3 Geheimes Zusatzprotokoll zum deutsch-sowjetischen Nichtangriffspakt

Aus Anlass der Unterzeichnung des Nichtangriffsvertrages zwischen dem Deutschen Reich und der Union der Sozialistischen Sowjetrepubliken haben die unterzeichneten Bevollmächtigten der beiden Teile in streng vertraulicher Aussprache die Frage der Abgrenzung der beiderseitigen Interessensphären in Osteuropa erörtert. Diese Aussprache hat zu folgendem Ergebnis geführt:

1. Für den Fall einer territorial-politischen Umgestaltung in den zu den baltischen Staaten (Finnland, Estland, Lettland, Litauen) gehörenden Gebieten bildet die nördliche Grenze Litauens zugleich die Grenze der Interessensphäre Deutschlands und der UdSSR. Hierbei wird das Interesse Litauens am Wilnaer Gebiet beiderseits anerkannt.

2. Für den Fall einer territorial-politischen Umgestaltung der zum polnischen Staate gehörenden Gebiete werden die Interessensphären Deutschlands und der UdSSR ungefähr durch die Linie der Flüsse Narew, Weichsel und San abgegrenzt.

   Die Frage, ob die beiderseitigen Interessen die Erhaltung eines unabhängigen polnischen Staates erwünscht erscheinen lassen, und wie dieser Staat abzugrenzen wäre, kann endgültig erst im Laufe der weiteren politischen Entwicklung geklärt werden.

   In jedem Falle werden beide Regierungen diese Frage im Wege einer freundschaftlichen Verständigung lösen.

3. Hinsichtlich des Südostens Europas wird von sowjetischer Seite das Interesse an Bessarabien betont. Von deutscher Seite wird das völlige politische Desinteressement an diesen Gebieten erklärt.

4. Dieses Protokoll wird von beiden Seiten streng geheim behandelt werden.

*Für die*
*Deutsche Reichsregierung*
*v. Ribbentrop*

*In Vollmacht*
*der Regierung der UdSSR:*
*W. Molotow*

(Aus: J. Hohlfeld (Hrsg.), Dokumente der Deutschen Politik und Geschichte von 1848 bis zur Gegenwart, Band 5, Berlin: Dokumenten Verlag 1951, S. 90 f.)

## M 4 Französische Karikatur zum Hitler-Stalin-Pakt

Stalin: „Einen Hammer?
… Bitte schön!"

© Photos 12, Paris

▶ **Aufgaben**

1. Was ist der inhaltliche Kern des deutsch-sowjetischen Nichtsangriffspaktes (M 1)?

2. Warum stieß der deutsch-sowjetische Nichtangriffspakt überall in der Welt auf Unverständnis (M 2)?

3. Inwiefern offenbart das „Geheime Zusatzprotokoll" die Absichten der vertragschließenden Parteien (M 3, M 4)?

© Ernst Klett Schulbuchverlag Leipzig GmbH, Leipzig 2004.
Alle Rechte vorbehalten. ISBN 3-12-927916-4

Klett

## M 1   „Stepping stones to glory" – Karikatur von David Low (Juli 1936)

© Sterling Lord Literistic,
New York N.Y.

## M 2   Hitler in einer Rede vor den Oberbefehlshabern der Wehrmacht am 22. August 1933

Vernichtung Polens im Vordergrund. Ziel ist die Beseitigung der lebendigen Kräfte, nicht die Erreichung einer bestimmten Linie. Auch wenn im Westen Krieg ausbricht, bleibt Vernichtung Polens im Vordergrund. [...] Ich werde propagandistischen Anlass zur Auslösung des Krieges geben, gleichgültig, ob glaubhaft. Der Sieger wird später nicht danach gefragt, ob er die Wahrheit gesagt hat oder nicht. Bei Beginn und Führung des Krieges kommt es nicht auf das Recht an, sondern auf den Sieg.

(Aus: J. Hohlfeld (Hrsg.), Dokumente der Deutschen Politik und Geschichte von 1848 bis zur Gegenwart, Band 5, Berlin: Dokumenten Verlag 1951, S. 74 f.)

## M 3   Aus der Reichstagsrede Hitlers vom 30. Januar 1933

Die Völker werden in kurzer Zeit erkennen, dass alle die Behauptungen über Angriffsabsichten unseres Volkes auf fremde Völker entweder aus krankhafter Hysterie oder aus der persönlichen Selbsterhaltungssucht einzelner Politiker entstandene Lügen sind. [...] Ich will heute wieder ein Prophet sein: Wenn es dem internationalen Finanzjudentum in- und außerhalb Europas gelingen sollte, die Völker noch einmal in einen Weltkrieg zu stürzen, dann würde das Ergebnis nicht die Bolschewisierung der Erde und damit der Sieg des Judentums sein, sondern die Vernichtung der jüdischen Rasse in Europa [...]

(Zit. nach: W. Michalka (Hrsg.), Deutsche Geschichte 1933–1945, Frankfurt/Main: Fischer 1996, S. 163)

## M 4   Aus Hitlers Befehl zum Angriff auf Polen (31. August 1939)

[...] 1. Nachdem *alle politischen Möglichkeiten erschöpft sind*, um auf friedlichem Wege eine für Deutschland unerträgliche Lage an seiner Ostgrenze zu beseitigen, habe ich mich zur *gewaltsamen Lösung* entschlossen.
2. Der *Angriff gegen Polen* ist nach den für den Fall „Weiß" getroffenen Vorbereitungen zu führen mit Abänderungen, die sich beim Heer durch den inzwischen fast vollendeten Aufmarsch ergeben.
Aufgabenverteilung und Operationsziel bleiben unverändert.

Angriffstag 1. September 1939.
Angriffszeit 4.45.

Diese Zeit gilt auch für die Unternehmungen Gdingen-Danziger Bucht und Brücke Dirschau.
3. Im *Westen* kommt es darauf an, die Verantwortung für die Eröffnung von Feindseligkeiten eindeutig England und Frankreich zu überlassen. Geringfügigen Grenzverletzungen ist zunächst rein örtlich entgegenzutreten.

(Zit. nach: W. Hofer (Hrsg.), Der Nationalsozialismus 1933–1945, Frankfurt/Main: Fischer 1976, S. 232)

### M 5 Aus Hitlers Rede vor dem Reichstag am 1. September 1939

Abgeordnete, Männer des Deutschen Reichtages! Seit Monaten leiden wir alle unter der Qual eines Problems, das uns einst das Versailler Diktat beschert hat und das nunmehr in seiner Ausartung und Entartung unerträglich geworden war. *Danzig war und ist eine deutsche Stadt! Der Korridor war und ist deutsch!* Alle diese Gebiete verdanken ihre kulturelle Erschließung ausschließlich dem deutschen Volke, ohne das in diesen östlichen Gebieten tiefste Barbarei herrschen würde. Danzig wurde von uns getrennt! Der Korridor von Polen annektiert! Die dort lebenden deutschen Minderheiten in der qualvollsten Weise misshandelt. Über eine Million Menschen deutschen Blutes mussten schon in den Jahren 1919/20 ihre Heimat verlassen. Wie immer, so habe ich auch hier versucht, auf dem Wege friedlicher Revisionsvorschläge eine Änderung des unerträglichen Zustandes herbeizuführen. […]
*Polen hat nun heute Nacht zum erstenmal auf unserm eigenen Territorium auch durch reguläre Soldaten ge-* *schossen. Seit 5 Uhr 45 wird jetzt zurückgeschossen!* Und von jetzt ab wird Bombe mit Bombe vergolten! Wer mit dem Gift kämpft, wird mit Giftgas bekämpft, wer sich selbst von den Regeln einer humanen Kriegsführung entfernt, kann von uns nichts anderes erwarten, als dass wir den gleichen Schritt tun. Ich werde diesen Kampf, ganz gleich gegen wen, so lange führen, bis die Sicherheit des Reiches und seine Rechte gewährleistet sind! […]
Ich schließe mit dem *Bekenntnis*, das ich einst aussprach, als ich den Kampf um die Macht im Reich begann: damals sagte ich: Wenn unser Wille so stark ist, dass keine Not ihn mehr zu zwingen vermag, dann wird unser Wille und unser deutscher Stahl auch die Not zerbrechen und besiegen. Deutschland – Sieg Heil!

(Aus: Heinz Hürten (Hrsg.), Deutsche Geschichte in Quellen und Darstellung, Band 9: Weimarer Republik und Drittes Reich, Stuttgart: Philipp Reclam 1995, S. 332 ff.)

### M 6 Unzulängliche Ausrüstung der polnischen Armee

Polnische Artillerie

Aus: Heinz Huber u. Artur Müller (Hg.): Das Dritte Reich, Bd. 2. Der Zusammenbruch der Macht. Kurt Desch, München, Wien, Basel 1964, S. 436

▶ **Aufgaben**

1. Vergleiche die Aussagen der Quellen M 2, M 3 und M 4 mit der Aussage der Karikatur (M 1). Was kannst du dabei feststellen?
2. Sind Hitlers Aussagen (M 5) bezüglich der aktuellen Situation glaubwürdig? Argumentiere mithilfe von M 1, M 4 und M 6.

Klett

### M 1   Europa zur Zeit der „Blitzkriege"

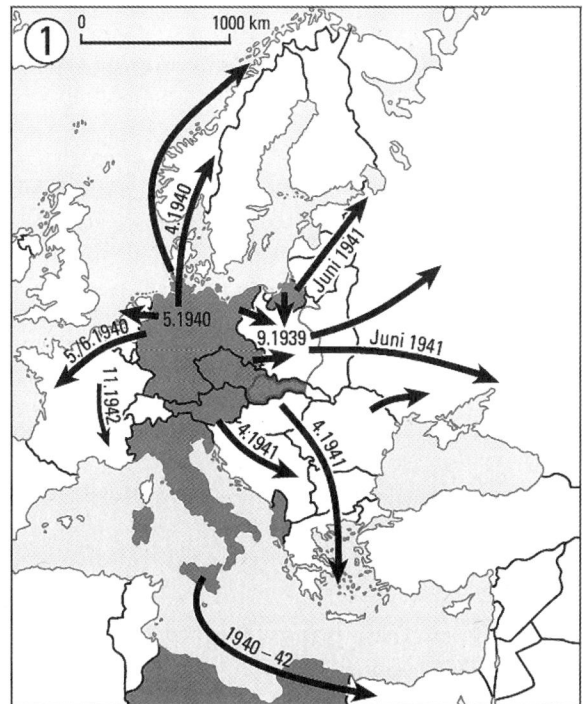

**Die Entwicklung der „Blitzkriege":**

September 1939: _____

_____

April 1940: _____

_____

Mai/Juni 1940: _____

_____

April 1941: _____

_____

Juni 1941: _____

_____

November 1942: _____

_____

### M 2   Auszug aus Hitlers Weisung vom 9. Oktober 1939 zur Vorbereitung der Westoffensive

1. Sollte in der nächsten Zeit zu erkennen sein, dass England und unter dessen Führung auch Frankreich nicht gewillt sind, den Krieg zu beenden, so bin ich entschlossen, ohne lange Zeit verstreichen zu lassen, aktiv und offensiv zu handeln.

2. Ein längeres Abwarten führt nicht nur zu einer Beseitigung der belgischen, vielleicht auch der holländischen Neutralität zugunsten der Westmächte, sondern stärkt auch die militärische Kraft unserer Feinde in zunehmendem Maße, lässt das Vertrauen der Neutralen auf einen Endsieg Deutschlands schwinden und trägt nicht dazu bei, Italien als militärischen Bundesgenossen an unsere Seite zu bringen.

3. Für die Weiterführung der militärischen Operationen befehle ich daher Folgendes:
a) Am Nordflügel der Westfront ist durch den luxemburgisch-belgischen und holländischen Raum eine Angriffsoperation vorzubereiten. Dieser Angriff muss so stark und so frühzeitig als möglich geführt werden.
b) Zweck dieser Angriffsoperation ist es, möglichst starke Teile des französischen Operationsheeres, und die an seiner Seite fechtenden Verbündeten zu schla-

gen und gleichzeitig möglichst viel holländischen, belgischen und nordfranzösischen Raum als Basis für eine aussichtsreiche Luft- und Seekriegführung gegen England und als weites Vorfeld des lebenswichtigen Ruhrgebietes zu gewinnen. […]

6. Neben diesen Vorbereitungen für den planmäßigen Beginn des Angriffs im Westen müssen Heer und Luftwaffe jederzeit und in zunehmender Stärke bereit sein, um sofort einem französisch-englischen Einmarsch nach Belgien möglichst weit vorwärts auf belgischem Gebiet entgegenzutreten und Holland in einem möglichst weiten Umfang in Richtung auf die Westküste besetzen zu können.

7. Die Tarnung der Vorbereitungen muss darauf abgestimmt sein, dass es sich um Vorsichtsmaßnahmen gegenüber der drohenden Versammlung französischer und englischer Kräfte an der französisch-luxemburgischen und belgischen Grenze handelt.

(Zit. nach: W. Hofer (Hrsg.), Der Nationalsozialismus 1933–1945, Frankfurt/Main: Fischer 1976, S. 238 f.)

**M 3** **Auszug aus Hitlers Weisung vom 1. März 1940 zur Besetzung Dänemarks und Norwegens**

[…] 1. Die Entwicklung der Lage in Skandinavien erfordert es, alle Vorbereitungen dafür zu treffen, um mit Teilkräften der Wehrmacht Dänemark und Norwegen zu besetzen („Fall Weserübung"). Hierdurch soll englischen Übergriffen nach Skandinavien und der Ostsee vorgebeugt, unsere Erzbasis in Schweden gesichert und für Kriegsmarine und Luftwaffe die Ausgangsstellung gegen England erweitert werden.

Kriegsmarine und Luftwaffe fällt im Rahmen der gegebenen Möglichkeiten die Sicherung des Unternehmens gegen das Eingreifen englischer See- und Luftstreitkräfte zu.

Die für „Fall Weserübung" einzusetzenden Kräfte werden im Hinblick auf unsere militärpolitische Stärke gegenüber den nordischen Staaten so schwach als möglich gehalten. Ihre zahlenmäßige Schwäche muss durch kühnes Handeln und überraschende Durchführung ausgeglichen werden.

Grundsätzlich ist anzustreben, der Unternehmung den Charakter einer *friedlichen* Besetzung zu geben, die den bewaffneten Schutz der Neutralität der nordischen Staaten zum Ziel hat. Entsprechende Forderungen werden mit Beginn der Besetzung den Regierungen übermittelt werden. Flotten- und Luftdemonstrationen werden erforderlichenfalls den nötigen Nachdruck geben. Trotzdem auftretender Widerstand ist unter Einsatz aller militärischen Mittel zu brechen. […]

(Zit. nach: W. Hofer (Hrsg.), Der Nationalsozialismus 1933–1945, Frankfurt/Main: Fischer 1976, S. 239)

**M 4** **Auszug aus Hitlers Weisung vom 16. Juli 1940 zum Krieg gegen England**

Da England, trotz seiner militärisch aussichtslosen Lage, noch keine Anzeichen einer Verständigungsbereitschaft zu erkennen gibt, habe ich mich entschlossen, eine Landungsoperation gegen England vorzubereiten und, wenn nötig, durchzuführen.

Zweck dieser Operation ist es, das englische Mutterland als Basis für die Fortführung des Krieges gegen Deutschland auszuschalten und wenn es erforderlich werden sollte, in vollem Umfang zu besetzen. Hierzu befehle ich Folgendes:

1. Die *Landung* muss sich in Form eines überraschenden Überganges in breiter Front etwa von Ramsgate bis in die Gegend westlich der Insel Wight vollziehen, wobei Teilen der Luftwaffe die Rolle der Artillerie, Teilen der Kriegsmarine die Rolle der Pioniere zufallen wird. Ob es zweckmäßig ist, vor dem allgemeinen Übergang *Teilaktionen*, etwa zur Besetzung der Insel Wight oder der Grafschaft Cornwall, zu unternehmen, ist vom Standpunkt jedes Wehrmachtsteiles aus zu prüfen, und das Ergebnis mir zu melden. Die Entscheidung behalte ich mir vor. Die Vorbereitungen für die Gesamtoperation müssen bis Mitte August abgeschlossen sein.

2. Zu diesen *Vorbereitungen* gehört auch, dass diejenigen Voraussetzungen geschaffen werden, die eine Landung in England möglich machen.

a) Die englische Luftflotte muss moralisch und tatsächlich so weit niedergekämpft sein, dass sie keine nennenswerte Angriffskraft dem deutschen Übergang gegenüber mehr zeigt.

b) Es müssen minenfreie Wege geschaffen sein.

c) Durch eine dichte Minensperre muss die Straße von Dover in beiden Flanken sowie der Westeingang des Kanals etwa in der Linie Aldernay-Portland abgesperrt sein.

d) Durch starke Küstenartillerie muss das Küstenvorfeld beherrscht und artilleristisch abgeschirmt sein.

e) Die Fesselung der englischen Seestreitkräfte kurz vor dem Übergang sowohl in der Nordsee als auch im Mittelmeer (durch die Italiener) ist erwünscht, wobei schon jetzt versucht werden muss, den englischen Seestreitkräften, die sich im Mutterland befinden, durch Luft- und Torpedoangriffe nach Kräften Abbruch zu tun.

(Zit. nach: W. Hofer (Hrsg.), Der Nationalsozialismus 1933–1945, Frankfurt/Main: Fischer 1976. S. 242)

▶ **Aufgaben**

1. Verschaffe dir einen Überblick über die „Blitzkriege" in Europa, indem du die jeweiligen Ziele der deutschen Aggression in die Tabelle hinter dem Datum einträgst.
   Ergänze die jeweils genannten Gründe für den Angriff (M 2 bis M 4) in deiner Tabelle.

2. Ermittle in der Karte M 1 die betreffenden Gebiete und spekuliere über den Erfolg der Aktionen. Beachte dabei das Datum der Weisungen.

**M 1** **Hitler in „Mein Kampf"**

Damit ziehen wir Nationalsozialisten bewußt einen Strich unter die außenpolitische Richtung unserer Vorkriegszeit. Wir setzen dort an, wo man vor sechs Jahrhunderten endete. Wir stoppen den ewigen Germanenzug nach dem Süden und Westen Europas und weisen den Blick nach dem Land im Osten. Wir schließen endlich ab die Kolonial= und Handelspolitik der Vorkriegszeit und gehen über zur Bodenpolitik der Zukunft.
Wenn wir aber heute in Europa von neuem Grund und Boden reden, können wir in erste Linie nur an Rußland und die ihm untertanen Randstaaten denken.

(Aus: Adolf Hitler, Mein Kampf, München: Eher 1936, S. 742)

**M 2** **Hitler in einer Rede vor den Generalen am 30. März 1941 (Tagebucheintrag des Generaloberst Franz Halder)**

Kampf zweier Weltanschauungen gegeneinander. Vernichtendes Urteil über Bolschewismus, ist gleich asoziales Verbrechertum. Kommunismus ungeheure Gefahr für die Zukunft. Wir müssen von dem Standpunkt des soldatischen Kameradentums abrücken. Der Kommunist ist vorher kein Kamerad und nachher kein Kamerad. Es handelt sich um einen Vernichtungskampf. Wenn wir es nicht so auffassen, dann werden wir zwar den Feind schlagen, aber in 30 Jahren wird uns wieder der kommunistische Feind gegenüberstehen. Wir führen nicht Krieg, um den Feind zu konservieren.

*Künftiges Staatenbild*:
Nordrussland gehört zu Finnland. Protektorate Ostseeländer, Ukraine, Weißrussland.

*Kampf gegen Russland*:
Vernichtung der bolschewistischen Kommissare und der kommunistischen Intelligenz.

Die neuen Staaten müssen sozialistische Staaten sein, aber ohne eigene Intelligenz. Es muss verhindert werden, dass eine neue Intelligenz sich bildet. Hier genügt eine primitive sozialistische Intelligenz.

Der Kampf muss geführt werden gegen das Gift der Zersetzung. Das ist keine Frage der Kriegsgeschichte. Die Führer der Truppe müssen wissen, worum es geht. Sie müssen in dem Kampf führen. Die Truppe muss sich mit den Mitteln verteidigen, mit denen sie angegriffen wird. Kommissare [kommunistische Parteifunktionäre] und GPU-Leute [Angehörige der sowjetischen Staatspolizei] sind Verbrecher und müssen als solche behandelt werden.

(Zit. nach: Gerd R. Ueberschär/Wolfram Wette (Hrsg.), Der deutsche Überfall auf die Sowjetunion. „Unternehmen Barbarossa" 1941, Frankfurt/Main: Fischer 1991, S. 248 f.)

**M 3** **Aus dem „Erlass über die Ausübung der Kriegsgerichtsbarkeit…" vom 13. Mai 1941**

1. Für Handlungen, die *Angehörige der Wehrmacht* und des Gefolges *gegen feindliche Zivilpersonen* begehen, besteht *kein Verfolgungszwang*, auch dann nicht, wenn die Tat zugleich ein militärisches Verbrechen oder Vergehen ist.

(Zit. nach: W. Michalka (Hrsg.), Deutsche Geschichte 1933–1945, Frankfurt/Main: Fischer 1996, S. 242)

**M 4** **Aus dem so genannten „Kommissarbefehl" Hitlers vom 6. Juni 1941**

Im Kampf gegen den Bolschewismus ist mit einem Verhalten des Feindes nach den Grundsätzen der Menschlichkeit oder des Völkerrechts *nicht* zu rechnen. Insbesondere ist von den *politischen Kommissaren* aller Art als den eigentlichen Trägern des Widerstandes eine hasserfüllte, grausame und unmenschliche Behandlung unserer Gefangenen zu erwarten.
Die Truppe muss sich bewusst sein:
1. In diesem Kampfe ist Schonung und völkerrechtliche Rücksichtnahme diesen Elementen gegenüber falsch. Sie sind eine Gefahr für die eigene Sicherheit und die schnelle Befriedung der eroberten Gebiete.
2. Die Urheber barbarisch asiatischer Kampfmethoden sind die politischen Kommissare. Gegen diese muss daher *sofort* und ohne Weiteres mit aller Schärfe vorgegangen werden. Sie sind daher, wenn im Kampf oder Widerstand ergriffen, grundsätzlich sofort mit der Waffe zu erledigen.

(Aus: Heinz Hürten (Hrsg.), Deutsche Geschichte in Quellen und Darstellung, Band 9: Weimarer Republik und Drittes Reich, Stuttgart: Philipp Reclam 1995, S. 351)

**M 5** **Aus einem Befehl des General-feldmarschalls von Reichenau (10. Oktober 1941)**

Betr.: Verhalten der Truppe im Ostraum

Hinsichtlich des Verhaltens der Truppe gegenüber dem bolschewistischen System bestehen vielfach noch unklare Vorstellungen.

Das wesentlichste Ziel des Feldzuges gegen das jüdisch-bolschewistische System ist die völlige Zerschlagung der Machtmittel und die Ausrottung des asiatischen Einflusses im europäischen Kulturkreis.

Hierdurch entstehen auch für die Truppe Aufgaben, die über das hergebrachte einseitige Soldatentum hinausgehen. [...]

(Zit. nach: Wehrmachtsverbrechen. Dokumentation aus sowjetischen Archiven, Köln: Papy Rossa 1997, S. 65 ff.)

**M 6** **Ein sowjetischer Zeuge sagt aus**

Im Jahre 1943, am 21. September, vernahm ich, der Bevollmächtigte der Außerordentlichen Staatskommission, Laptew A. W. den unten benannten Zeugen, der mir benannt wurde als Zeuge der Verbrechen der deutschen faschistischen Okkupation, welche diese Gräueltaten in der Stadt Charkow verübt hatten.

Der Zeuge heißt: Oßadtschuk, Wladimir. Vatersvorname: Sohn des Sergej. Er wurde im Jahre 1893 geboren, Ukrainer, gebürtig aus der Stadt Poltawa, seit 1923 in Charkow wohnhaft, verheiratet. Seine Familie besteht aus vier Personen. Er ist Kunstmaler des Theaters, benannt nach dem Ukrainischen Dichter Schewtschenko. Seine Adresse ist: Puschkinstraße, Haus Nr. 64, Wohnung 2.

*Frage*: Was wissen Sie über die Verbrechen der deutsch-faschistischen Okkupanten in der Stadt Charkow?

*Antwort*: Nachdem die Stadt Charkow durch Deutsche am 22.-28.10.1941 eingenommen worden war, wurde überall der Befehl des Militärkommandanten der Stadt ausgehängt, in welchem verkündet wurde, dass für ein Attentat gegen deutsche Soldaten und Offiziere in dem Orte, wo dieses Attentat verübt werden sollte, 10 Menschen der männlichen Bevölkerung in jedem zweiten Hause erschossen würden. Bald begannen die Deutschen, die Bevölkerung zu erschießen. Am 25.10. erschossen die Deutschen einen circa 16jährigen Jungen, der Pawel (Paul) hieß, auf dem Markt von Shurawlewskij nur dafür, dass er einen Rotarmistenhelm, ein Bajonett und eine Gasmaske aufgehoben hatte. Am 17.11. wurde auf dem Shurawlewskij-Markt (Basar) der sich unter dem Dach befindliche Markt in Brand gesetzt. Am selben Tag, am Abend, ergriffen die Deutschen von allen, die auf diesem Markt wohnhaft waren,

15 Menschen, darunter auch alte Leute und Halbwüchsige. Sie wurden alle erschossen.

Ihre Leichen lagen 3 Tage auf dem Marktplatz, aber man erlaubte nicht, sie wegzubringen.

Im November, ich glaube, es war am 10.11., wurden auf dem Judenfriedhof, auf dem Kahlen Berge (Lysaja Gora) bestialisch-grausam zwei Freundinnen, zwei Mädchen, getötet. Das eine Mädchen hieß Nastja Ustenko, den Familiennamen des anderen weiß ich nicht. An diesem Tag war ich in der Swerdlowstraße und erfuhr aus den Gesprächen der Leute, dass man 2 junge Mädchen weggeführt hätte, um sie zu erhängen. Es war circa um 15 Uhr. Mit anderen Leuten zusammen ging ich dorthin.

Als wir auf den Kahlen Berg gekommen waren, sah ich, dass an dem Ast eines Baumes zwei junge Mädchen hängen. Sie waren an den Beinen aufgehängt worden und hingen mit dem Kopf nach unten. Ihre Arme und Beine waren mit einem Strick gefesselt. Bei jedem der Mädchen hing an der Brust ein Plakat: „Ich bin eine Partisanin." Als ich gekommen war, waren sie noch am Leben, sie stöhnten, manchmal schrien sie auf und hoben ihre Köpfe. Sie lebten noch circa drei Stunden.

Aus den Erzählungen der Anwesenden erfuhr ich, dass diese Mädchen dafür gehängt worden waren, weil sie angeblich eine Telefonkabelleitung durchgeschnitten hätten.

Die Deutschen ergriffen die Menschen auf den Straßen und hängten sie daselbst auf, mit den Plakaten: „Partisan." So wurden auf der Simewskistraße zwei Menschen erhängt.

Nach den Explosionen im deutschen Stab in der Dserdshinskijstraße und in den Kasernen auf dem Feierbachplatz am 16.11. verhafteten die Deutschen 1000 Menschen. Es waren alles friedliche Bürger der Stadt, darunter alte Männer, Frauen mit Säuglingen und Halbwüchsige. Außerdem wurden 250 friedliche Bürger verhaftet und auf den Plätzen und in den Straßen der Stadt erhängt. Manche dieser Bürger erhängte man auf den Balkonen der Häuser und an den Bäumen. So hingen in der Swerdlowstraße mehr als 30 Leichen, auf dem Tewelkaplatz 13, auf dem Dserdshinskijplatz 10 Menschen, in der Smiewskistraße 4, und so weiter.

Auch ich wurde damals zusammen mit 250 anderen Menschen verhaftet. Wir wurden alle zusammen an den Dserdshinskijplatz herausgeführt, von wo man die Menschen wegschaffte und dann draußen erhängte. Ich blieb nur deshalb am Leben, weil der Befehl damals gelautet hatte: „250 Menschen sind zu erhängen!" Es stellte sich aber heraus, dass es 257 Personen waren, und weil ich zu den Überzähligen gehörte, wurde ich heim gelassen.

(Aus: Ernst Klee/Willi Dreßen (Hrsg.), „Gott mit uns". Der deutsche Vernichtungskrieg im Osten 1939–1945, Frankfurt/Main: Fischer 1989, S. 44 ff.)

**M 7**   Foto vom Russlandfeldzug, aufgenommen von einem deutschen Soldaten

© bpk, Berlin

**M 8**   Feldpostbrief eines deutschen Soldaten aus Stalingrad (31. Dezember 1942)

*Meine Lieben!*
*Jetzt ist Silvesterabend und wenn ich an zuhau-*
*se denke, dann will mir fast das Herz brechen.*
*Wie ist das alles hier trost- und hoffnungslos.*
*Seit 4 Tagen habe ich schon kein Brot mehr zu*
*essen und lebe nur von dem Schlag Mittags-*
*suppe. Morgens und abends einen Schluck Kaf-*
*fee, und alle 2 Tage 100 g Büchsenfleisch oder*
*1/2 Büchse Ölsardinen od. etwas Tubenkäse.*
*– Hunger, Hunger, Hunger, und dann Läuse*
*und Schmutz. Tag und Nacht werden wir von*
*Fliegern angegriffen, und das Artillerie-Feu-*
*er schweigt fast nie. Wenn nicht in absehba-*
*rer Zeit ein Wunder geschieht, gehe ich hier*
*zugrunde. – Schlimm ist nur, dass ich weiß,*
*dass von Euch ein 2 kg-Paket mit Kuchen und*
*Marmelade unterwegs ist [...]. Ich muss nun*
*ständig daran denken und bekomme Wahn-*
*vorstellungen, dass diese Sachen mich nie er-*
*reichen werden. Obwohl ich erschöpft bin, kann*
*ich nachts nicht schlafen, sondern träume mit*
*offenen Augen immerzu von Kuchen, Kuchen,*
*Kuchen. Manchmal bete ich, und manchmal*

*fluche ich über mein Schicksal. Dabei ist alles*
*sinn- und zwecklos. – Wann und wie kommt*
*die Erlösung? Ist es der Tod durch eine Bombe*
*oder Granate? Ist es Krankheit und Siechtum?*
*Alle diese Fragen beschäftigen uns unausläss-*
*lich. Dazu kommt die ständige Sehnsucht nach*
*zuhause, und das Heimweh wird zur Krank-*
*heit. Wie kann ein Mensch dies bloß alles ertra-*
*gen? Sind alle diese Leiden eine Strafe Gottes?*
*– Meine Lieben, ich dürfte Euch dies alles ja*
*gar nicht schreiben [...]. Wenn man mich we-*
*gen dieses Briefes vors Kriegsgericht stellt und*
*erschießt, so möchte ich glauben, wäre es für*
*den Körper eine Wohltat. – Ich bin ohne Hoff-*
*nung, und ich bitte Euch, weint nicht zu sehr,*
*wenn Ihr die Nachricht bekommt, dass ich*
*nicht mehr bin. Seid gut und lieb zueinander,*
*dankt Gott für jeden Tag, der Euch beschieden*
*wird, denn zu Hause ist das Leben süß.*

*In herzlicher Liebe Euer Bruno*

(Aus: Reinhard Rürup (Hrsg.), Der Krieg gegen die Sowjetunion 1941–1945, Berlin: Argon 1991, S. 222)

### M 9 Pressemitteilung der deutschen Regierung (3. Februar 1943)

Der Heldenkampf um Stalingrad hat sein Ende gefunden. In mehrtägiger Trauer wird das deutsche Volk seiner tapferen Söhne gedenken, die bis zum letzten Atemzug und bis zur letzten Patrone ihre Pflicht getan und damit die Hauptkraft des bolschewistischen Ansturms gegen die Ostfront gebrochen haben. Der Heldenkampf um Stalingrad wird nunmehr zum größten Heldenlied der deutschen Geschichte werden.

(Zit. nach: Iring Fetscher, Joseph Goebbels im Berliner Sportpalast 1943, Hamburg: EVA 1998, S. 39)

### M 10 Sowjetisches Flugblatt (1943)

# DEUTSCHE SOLDATEN!

Hitler hat dem deutschen Volk den Frieden versprochen, **hat ihm aber Krieg ohne Ende gebracht.** Macht diesem ehrlosen und aussichtslosen Krieg ein Ende.

## Lauft über!

Aus: N. Haase: Deutsche Deserteure. Rotbuch, Berlin 1987, S. 75

### M 11 In den 50er-Jahren wurde in der Bundesrepublik Deutschland der Mythos von der „sauberen" Wehrmacht gepflegt

Aus: Praxis Geschichte, 2/1999, Westermann, Braunschweig 1999, S. 45

► **Aufgaben**

1. Welche Gründe für den Krieg gegen die Sowjetunion nennt Hitler (M 1, M 2)?
2. Inwiefern hat der Krieg gegen die Sowjetunion für Hitler einen besonderen Stellenwert (M 2, M 3, M 4)? Wodurch ist dieser bedingt, wie will er sein Ziel erreichen?
3. Beurteile den „Reichenau-Befehl" (M 5) auf der Grundlage der Befehle Hitlers (M 2–M 4).
4. Wie verhalten sich die deutschen Soldaten während des Kriegs den Sowjetrussen gegenüber (M 6, M 7)? Womit verstoßen sie klar gegen das Kriegsrecht? Welche Gründe für diese Verstöße sind denkbar (M 3, M 5)?
5. Die Schlacht um Stalingrad brachte die Wende im Krieg gegen die Sowjetunion. Wie wird das aus den Quellen M 8 bis M 10 ersichtlich?
6. Das Verhalten deutscher Soldaten während des Zweiten Weltkrieges gibt immer wieder zu Meinungsverschiedenheiten Anlass. Was sagen die Quellen M 6, M 7 und M 11 dazu aus?

**M 1** **Zehn-Punkte-Programm einer illegalen Gruppe von Sozialdemokraten (1936)**

Entschlossen, Deutschland aus der Schmach und Schande der Diktatur zu befreien, der gesellschaftlichen Zerstörung durch die Kriegswirtschaft des Vierjahresplanes Einhalt zu gebieten und die Gefahr eines neuen Weltkrieges mit allen Mitteln zu bekämpfen, haben sich die demokratischen, sozialistischen und kommunistischen Parteien und Gruppen Deutschlands zu einer „Deutschen Volksfront" vereinigt und verkünden dem deutschen Volke folgende programmatische Forderungen:

1. Sturz und Vernichtung der Hitlerdiktatur.
2. Recht und Gerechtigkeit für alle: Abschaffung der Blutjustiz. Befreiung der politischen Gefangenen, Sühne für die begangenen Verbrechen, Wiedergutmachung des verübten Unrechts.
3. Freiheit des Glaubens und der Weltanschauung, staatlicher Schutz jeder Religionsübung, Presse-, Versammlungs- und Vereinigungsfreiheit.
4. Volle Selbstregierung und Selbstverwaltung des deutschen Volkes in einem erneuerten Reich der politischen, wirtschaftlichen und sozialen Demokratie.
5. Einstellung des Wettrüstens und der Kriegswirtschaft. Sicherheit durch Abrüstung, Verkürzung der Dienstzeit.
6. Restlose Aussöhnung und aufrichtige Zusammenarbeit mit Frankreich. Friede und Freundschaft mit allen Völkern. Aufbau einer europäischen Staatengemeinschaft durch ehrliche Mitarbeit in einem reorganisierten Völkerbund.
7. Beseitigung der Ernährungsnot, der Armut und der Arbeitslosigkeit durch Wiedereintritt Deutschlands in die Weltwirtschaft.
8. Rettung der Versicherungen und Spareinlagen vor der Inflation. 40-Stunden-Woche. Freier Arbeitsvertrag.
9. Einziehung des Großgrundbesitzes, großzügige Bauernsiedlung. Aufhebung der Zwangswirtschaft am Boden (Erbhofgesetz) und an den landwirtschaftlichen Erzeugnissen (so genannte Marktordnung), freies landwirtschaftliches Genossenschaftswesen.
10. Verstaatlichung der Banken, der Schwerindustrie und der Energiewirtschaft. Einführung einer Wirtschaftspolitik, die allein der Sicherung und Steigerung des deutschen Lebens dient.

Deutsche! Die Deutsche Volksfront wird nicht eher ruhen und sich auflösen, bis nicht der letzte Punkt dieser Forderungen verwirklicht sein wird.

Deutsche! Sammelt euch in der Deutschen Volksfront! Nieder mit den Unterdrückern und Verderbern Deutschlands! Es lebe ein freies, friedliches und glückliches Vaterland!

Deutsche Volksfront

(Aus: Heinz Huber u. Artur Müller (Hrsg.), Das Dritte Reich, Band 2: Der Zusammenbruch der Macht, München, Wien, Basel: Kurt Desch 1964, S. 692 f.)

**M 2** **Handzettel der KPD (1936, illegal)**

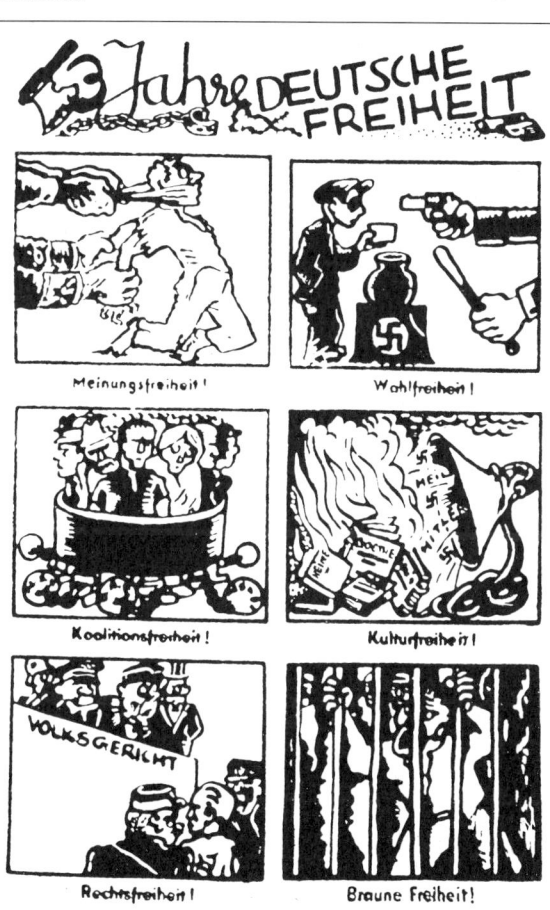

Aus: Badischer Kunstverein, Karlsruhe / Elefanten-Press (Hg.): Widerstand statt Anpassung. Deutsche Kunst im Widerstand gegen den Faschismus 1933–1945. Berlin 1980, S. 41

▶ **Aufgaben**

1. Das Zehn-Punkte-Programm (M 1) und der Handzettel (M 2) sind fast zeitgleich erschienen. Welche Gemeinsamkeiten, welche Unterschiede in Inhalt und Wirkungsabsicht erkennst du?
2. Unangepasstes Verhalten – Verweigerung – Protest – Widerstand: Welchen dieser Begriffe hältst du für M 1 bzw. M 2 für passend? Begründe deine Meinung.

**M 1**    **Das letzte Flugblatt der „Weißen Rose" (Februar 1943)**

## Kommilitonen! Kommilitoninnen!

Erschüttert steht unser Volk vor dem Untergang der Männer von Stalingrad. Dreihundertdreißigtausend deutsche Männer hat die geniale Strategie des Weltkriegsgefreiten sinn- und verantwortungslos in Tod und Verderben gehetzt. Führer, wir danken dir!

Es gärt im deutschen Volk: Wollen wir weiter einem Dilettanten das Schicksal unserer Armeen anvertrauen? Wollen wir den niederen Machtinstinkten einer Parteiclique den Rest der deutschen Jugend opfern? Nimmermehr! Der Tag der Abrechnung ist gekommen, der Abrechnung der deutschen Jugend mit der verabscheuungswürdigsten Tyrannis, die unser Volk je erduldet hat. Im Namen der deutschen Jugend fordern wir vom Staat Adolf Hitlers die persönliche Freiheit, das kostbarste Gut des Deutschen zurück, um das er uns in der erbärmlichsten Weise betrogen.

In einem Staat rücksichtsloser Knebelung jeder freien Meinungsäußerung sind wir aufgewachsen. HJ, SA, SS haben uns in den fruchtbarsten Bildungsjahren unseres Lebens zu uniformieren, zu revolutionieren, zu narkotisieren versucht, ›Weltanschauliche Schulung‹ hieß die verächtliche Methode, das aufkeimende Selbstdenken in einem Nebel leerer Phrasen zu ersticken. Eine Führerauslese, wie sie teuflischer und bornierter zugleich nicht gedacht werden kann, zieht ihre künftigen Parteibonzen auf Ordensburgen zu gottlosen, schamlosen und gewissenlosen Ausbeutern und Mordbuben heran, zur blinden, stupiden Führergefolgschaft. Wir ›Arbeiter des Geistes‹ wären gerade recht, dieser neuen Herrenschicht den Knüppel zu machen. Frontkämpfer werden von Studentenführern und Gauleiteraspiranten wie Schuljungen gemaßregelt.

Gauleiter greifen mit geilen Späßen den Studentinnen an die Ehre. Deutsche Studentinnen haben an der Münchner Hochschule auf die Besudelung ihrer Ehre eine würdige Antwort gegeben, deutsche Studenten haben sich für ihre Kameradinnen eingesetzt und standgehalten. […] Das ist ein Anfang zur Erkämpfung unserer freien Selbstbestimmung, ohne die geistige Werte nicht geschaffen werden können. Unser Dank gilt den tapferen Kameradinnen und Kameraden, die mit leuchtendem Beispiel vorangegangen sind!

Es gibt für uns nur eine Parole: Kampf gegen die Partei! Heraus aus den Parteigliederungen, in denen man uns weiter politisch mundtot halten will! Heraus aus den Hörsälen der SS-Unter- und Oberführer und Parteikriecher! Es geht uns um wahre Wissenschaft und echte Geistesfreiheit! Kein Drohmittel kann uns schrecken, auch nicht die Schließung unserer Hochschulen. Es gilt den Kampf jedes Einzelnen von uns um unsere Zukunft, unsere Freiheit und Ehre in einem seiner sittlichen Verantwortung bewussten Staatswesen.

Freiheit und Ehre! Zehn lange Jahre haben Hitler und seine Genossen die beiden herrlichen deutschen Worte bis zum Ekel ausgequetscht, abgedroschen, verdreht, wie es nur Dilettanten vermögen, die die höchsten Werte einer Nation vor die Säue werfen. Was ihnen Freiheit und Ehre gilt, haben sie in zehn Jahren der Zerstörung aller materiellen und geistigen Freiheit, aller sittlichen Substanzen im deutschen Volk genugsam gezeigt. Auch dem dümmsten Deutschen hat das furchtbare Blutbad die Augen geöffnet, das sie im Namen von Freiheit und Ehre der deutschen Nation in ganz Europa angerichtet haben und täglich neu anrichten. Der deutsche Name bleibt für immer geschändet, wenn nicht die deutsche Jugend endlich aufsteht, rächt und sühnt zugleich, ihre Peiniger zerschmettert und ein neues geistiges Europa aufrichtet.

Studentinnen, Studenten! Auf uns sieht das deutsche Volk! Von uns erwartet es, wie 1813 die Brechung des napoleonischen, so 1943 die Brechung des nationalsozialistischen Terrors aus der Macht des Geistes. Beresina und Stalingrad flammen im Osten auf, die Toten von Stalingrad beschwören uns!

›Frisch auf mein Volk, die Flammenzeichen rauchen!‹
Unser Volk steht im Aufbruch gegen die Verknechtung Europas durch den Nationalsozialismus, im neuen gläubigen Durchbruch von Freiheit und Ehre.

(Zit. nach: W. Michalka (Hrsg.), Deutsche Geschichte 1933-1945, Frankfurt/Main: Fischer 1996, S. 324 f.)

**M 2** **Aus dem Gerichtsurteil gegen die „Weiße Rose" (19. April 1943)**

Abschrift
Vertraulich!
Weitergabe nur verschlossen, bei Postbeförderung eingeschrieben. Empfänger haftet für sichere Aufbewahrung (vgl. P. 353c StGB).
6 J 24/43
1 H 101/43

Im Namen des deutschen Volkes!
In der Strafsache gegen
1. den Alexander Schmorell aus München, geboren am 16. September 1917 in Orenburg/Russland,
2. den Kurt Huber aus München, geboren am 24. Oktober 1893 in Chur/Schweiz,
3. den Wilhelm Graf aus München, geboren am 2. Januar 1918 in Kuchenheim. […]

Alexander Schmorell, Kurt Huber und Wilhelm Graf haben im Kriege in Flugblättern zur Sabotage der Rüstung und zum Sturz der nationalsozialistischen Lebensform unseres Volkes aufgerufen, defätistische Gedanken propagiert und den Führer aufs gemeinste beschimpft und dadurch den Feind des Reiches begünstigt und unsere Wehrkraft zersetzt. Sie werden deshalb mit dem Tode bestraft. Ihre Bürgerrechte haben sie für immer verwirkt. […]

**Gründe:**
Dieses Urteil muss im Zusammenhang mit dem Urteil, das der Volksgerichtshof vor wenigen Wochen hat fällen müssen, betrachtet werden. Damals waren drei Personen abzuurteilen, die mit den Kern dieser hochverräterischen Unterstützung unserer Kriegsfeinde gebildet haben. Zwei von ihnen, Hans Scholl und Sophie Scholl, waren die Seele der wahrhaft hoch- und landesverräterischen, feindbegünstigenden, unsere Wehrkraft zersetzenden Organisation. Sie stammen aus einer Familie, die selbst volksfeindlich eingestellt war und in der sie keine Erziehung genossen, die sie zu anständigen Volksgenossen machte. Über ihre Tat und Schuld stellte der Volksgerichtshof damals fest: „Der Angeklagte Hans Scholl hat seit Frühjahr 1939 Medizin studiert und steht – dank der Fürsorge der nationalsozialistischen Regierung – im achten Semester! Zwischendurch war er im Frankreichfeldzug in einem Feldlazarett und von Juli bis November 1942 an der Ostfront im Sanitätsdienst tätig. Als Student hat er die Pflicht vorbildlicher Gemeinschaftsarbeit. Als Soldat – er ist als solcher zum Studium kommandiert – hat er eine besondere Treuepflicht zum Führer. Das und die Fürsorge, die gerade ihm das Reich angedeihen ließ, hat ihn nicht gehindert, in der ersten Sommerhälfte 1942 Flugblätter der „Weißen Rose" zu verfassen, zu vervielfältigen und zu verbreiten, die defätistisch Deutschlands Niederlage voraussagen, zum passiven Widerstand der Sabotage in Rüstungsbetrieben und überhaupt bei jeder Gelegenheit auffordern, um dem deutschen Volk seine nationalsozialistische Lebensart und also auch Regierung zu nehmen. Das, weil er sich einbildete, dass nur so das deutsche Volk durch den Krieg durchkommen könne!

In Gesprächen mit seiner Schwester Sophie Scholl entschlossen sich beide, Flugblattpropaganda im Sinne einer Arbeit gegen den Krieg und für ein Zusammengehen mit den feindlichen Plutokratien gegen den Nationalsozialismus zu treiben. Die beiden Geschwister, die ihre Studentenzimmer bei derselben Vermieterin hatten, verfassten gemeinsam ein Flugblatt „An alle Deutschen". In ihm wird Deutschlands Niederlage im Krieg vorausgesagt: der Befreiungskrieg gegen das „nationalsozialistische Untermenschentum" angesagt und werden Forderungen im Sinne liberaler Formaldemokratie aufgestellt. Außerdem verfassten die Geschwister ein Flugblatt „Deutsche Studentinnen und Studenten" (in späteren Auflagen „Kommilitoninnen und Kommilitonen"). Sie sagen der Partei den Kampf an, der Tag der Abrechnung sei gekommen, und scheuen sich nicht, ihren Aufruf zum Kampf gegen den Führer und die nationalsozialistische Lebensart unseres Volkes mit dem Freiheitskampf gegen Napoleon (1813) zu vergleichen und auf ihn das Soldatenlied „Frisch auf, mein Volk, die Flammenzeichen rauchen" anzuwenden! Die Flugblätter haben die Angeklagten Scholl teilweise mit Hilfe eines Freundes, des Medizinstudenten Schmorell, vervielfältigt und in allseitigem Einvernehmen verbreitet. […]

1. Schmorell fuhr nach Salzburg, Linz, Wien und warf dort 200, 200, 1200 adressierte Flugblätter für diese Städte und in Wien außerdem 400 für Frankfurt am Main in Briefkästen.
2. Sophie Scholl warf in Augsburg 200 und ein andermal in Stuttgart 600 in Postbriefkästen.
3. Nachts streute Hans Scholl zusammen mit Schmorell Tausende in Münchner Straßen aus.
4. Am 18. Februar legten die Geschwister Scholl 1500 bis 1800 in der Münchner Universität in Päckchen ab und Sophie Scholl warf einen Haufen vom 2. Stock in den Lichthof.

Hans Scholl und Schmorell haben auch am 3. 8. (?) und 15. 2. 1943 nachts an vielen Stellen Münchens, so vor allem auch an der Universität, Schmieraktionen mit den Inschriften „Nieder mit Hitler", „Hitler der Massenmörder", „Freiheit" durchgeführt. Nach der ersten Aktion erfuhr das Sophie Scholl, war damit einverstanden und bat – freilich vergeblich – künftig mitmachen zu dürfen!

Die Auslagen – im ganzen ungefähr 1000 Mark – haben die Angeklagten selbst bestritten.

Probst hat auch sein Medizinstudium im Frühjahr begonnen und steht jetzt als zum Studium kommandierter Soldat im 8. Semester. Er ist verheiratet und hat 3 Kinder von 2 1/2, 1 1/4 Jahren und 4 Wochen. Er ist ein „unpolitischer Mensch", also überhaupt kein Mann! Weder die Fürsorge des nationalsozialistischen Reichs für seine Berufsausbildung noch die Tatsache, dass nur die nationalsozialistische Bevölkerungspolitik ihm ermöglichte, als Student eine Familie zu haben, hinderten ihn, auf Aufforderung Scholls ein „Manuskript" auszuarbeiten, das den Heldenkampf in Stalingrad zum Anlass nimmt, den Führer als militärischen Hochstapler zu beschimpfen, in feigem Defätismus zu machen, und das dann, in Aufrufform übergehend, zum Handeln im Sinne einer, wie er vorgibt, ehrenvollen Kapitulation unter Stellungnahme gegen den Nationalsozialismus auffordert. Er belegt die Verheißungen seines Flugblattes durch Bezugnahme auf – Roosevelt! Und hat dies sein Wissen vom Abhören englischer Sender! [...]

Wer als Professor oder Student so den Führer beschimpft, gehört nicht mehr zu uns. Wer so den Nationalsozialismus begeifert, hat keinen Platz mehr zwischen uns. Wer so mit seinen hochverräterischen Ausgeburten eines volksfeindlichen Gehirns im Kriege unsere Geschlossenheit und Kampfentschlossenheit aufspaltet, der nagt an unserer Wehrkraft; er hilft dem Feind in diesem Krieg (Par. 91b StGB). Männer wie Huber, Schmorell und Graf wissen das auch. Wer so handelt, hat den Tod verdient. Solches Verhalten können auch nicht Verdienste (auf solche weist Huber hin) wettmachen. [...]
Huber, Schmorell und Graf haben als Volksverräter, die im Kriege dem Feind geholfen und unsere Wehrmacht zersetzt haben, treulos gehandelt und der deutschen Jugend – besonders der Jugend von Langemarck – Schande gemacht. Sie haben durch ihren Verrat ihre Ehre für immer verloren.

(Zit. nach: G. Weisenborn, Der lautlose Aufstand, Hamburg: Rowohlt 1954, S. 267 ff.)

▶ **Aufgaben**

1. Was prangern die Mitglieder der „Weißen Rose" in ihrem Flugblatt (M 1) an? Was wäre außerdem kritikwürdig, welche Aspekte fehlen?
2. Was wird den Mitgliedern der „Weißen Rose" im Gerichtsurteil (M 2) vorgeworfen? Wie stehst du zu den Vorwürfen?

**Klett**

**M 3** **Brief von Willi Graf aus dem Gefängnis**
**(geschrieben am 12. Oktober 1943, dem Tag seiner Hinrichtung)**

Aus: Der Nationalsozialismus, Bd. 3. Das bittere Ende. hrsg. von der Bayerischen Landeszentrale für politische Bildungsarbeit, München 1993, S. 263

▶ **Aufgaben**

Wie wirkt der Abschiedsbrief Willi Grafs (M 3) auf dich?
Welche Aussagen berühren dich, welche vermisst du?

© Ernst Klett Schulbuchverlag Leipzig GmbH, Leipzig 2004.
Alle Rechte vorbehalten. ISBN 3-12-927916-4

**M 1** **Propaganda für den „Volkssturm"**

Aus: Jürgen Ewert (Hg.): Heimatfront. Nicolaische Verlagsbuch-
handlung, Berlin 1999, S. 184

**M 2** **Propagandaplakat der Alliierten**

Aus: H. Möller (Hg.): Die tödliche Utopie. Bilder, Texte, Dokumente.
Daten zum Dritten Reich. Inst. für Zeitgeschichte, Berlin 1999, S. 421

**M 3** **Der sogenannte „Nero-Befehl" Hitlers (19. März 1945)**

Betr.: Zerstörungsmaßnahmen im Reichsgebiet.

Der Kampf um die Existenz unseres Volkes zwingt auch innerhalb des Reichsgebietes zur Ausnutzung aller Mittel, die die Kampfkraft unseres Feindes schwächen und sein weiteres Vordringen behindern. Alle Möglichkeiten, der Schlagkraft unseres Feindes unmittelbar oder mittelbar den nachhaltigsten Schaden zuzufügen, müssen ausgenützt werden. Es ist ein Irrtum, zu glauben, nicht zerstörte oder nur kurzfristig gelähmte Verkehrs-, Nachrichten-, Industrie- und Versorgungsanlagen bei der Rückgewinnung verlorener Gebiete für eigene Zwecke wieder in Betrieb nehmen zu können. Der Feind wird bei seinem Rückzug uns nur eine verbrannte Erde zurücklassen und jede Rücksichtnahme auf die Bevölkerung fallen lassen.
Ich befehle daher:
1) Alle militärischen Verkehrs-, Nachrichten-, Industrie- und Versorgungsanlagen sowie Sachwerte innerhalb des Reichsgebietes, die sich der Feind für die Fortsetzung seines Kampfes irgendwie sofort oder in absehbarer Zeit nutzbar machen kann, sind zu zerstören.

2) Verantwortlich für die Durchführung dieser Zerstörungen sind: die militärischen Kommandobehörden für alle militärischen Objekte (einschließlich der Verkehrs- und Nachrichtenanlagen), die Gauleiter und Reichsverteidigungskommissare für alle Industrie- und Versorgungsanlagen sowie sonstige Sachwerte. Den Gauleitern und Reichsverteidigungskommissaren ist bei der Durchführung ihrer Aufgabe durch die Truppe die notwendige Hilfe zu leisten.
3) Dieser Befehl ist schnellstens allen Truppenführern bekannt zu geben. Entgegenstehende Weisungen sind ungültig.

gez. Adolf Hitler

(Zit. nach: Der Prozeß gegen die Hauptkriegsverbrecher vor dem Internationalen Militärgerichtshof. Band XLI. Nürnberg 1949, S. 430)

**M 4** **Hitlers politisches Testament vom 29. April 1945 (Auszug)**

Ich habe meine Zeit, meine Arbeitskraft und meine Gesundheit in diesen drei Jahrzehnten verbraucht. Es ist unwahr, dass ich oder irgend jemand anderes in Deutschland den Krieg im Jahre 1939 gewollt habe. Er wurde gewollt und angestiftet ausschließlich von jenen internationalen Staatsmännern, die entweder jüdischer Herkunft waren oder für jüdische Interessen arbeiteten. Ich habe zu viele Angebote zur Rüstungsbeschränkung und Rüstungsbegrenzung gemacht, die die Nachwelt nicht auf alle Ewigkeiten wegzuleugnen vermag, als dass die Verantwortung dieses Krieges auf mir lasten könnte. Ich habe weiter nie gewollt, dass nach dem ersten unseligen Weltkrieg ein zweiter gegen England oder Amerika entsteht. […]

Nach einem sechsjährigen Kampf, der einst in die Geschichte trotz aller Rückschläge als ruhmvollste und tapferste Bekundung des Lebenswillens eines Volkes eingehen wird, kann ich mich nicht von der Stadt trennen, die die Hauptstadt des Reiches ist. Da die Kräfte zu gering sind, um dem feindlichen Ansturm gerade an dieser Stelle noch standzuhalten, der eigene Widerstand aber durch ebenso verblendete wie charakterlose Subjekte allmählich entwertet wird, möchte ich mein Schicksal mit jenem teilen, das Millionen andere auch auf sich genommen haben, indem ich in dieser Stadt bleibe. Außerdem will ich nicht Feinden in die Hände fallen, die zur Belustigung ihrer verhetzten Massen ein neues, von Juden inszeniertes Schauspiel benötigen. Ich habe mich daher entschlossen, in Berlin zu bleiben und dort aus freien Stücken in dem Augenblick den Tod zu wählen.

(Zit. nach: W. Michalka (Hg.), Deutsche Geschichte 1933–1945, Frankfurt/Main: Fischer 1996, S. 221 f.)

**M 5** **Bedingungslose Kapitulation**

[…] 1. Wir, die hier Unterzeichneten, handelnd in Vollmacht für und im Namen des Oberkommandos der deutschen Wehrmacht, erklären hiermit die bedingungslose Kapitulation aller am gegenwärtigen Zeitpunkt unter deutschem Befehl stehenden oder von Deutschland beherrschten Streitkräfte auf dem Lande, auf der See und in der Luft gleichzeitig gegenüber dem Obersten Befehlshaber der alliierten Expeditionsstreitkräfte und dem Oberkommando der Roten Armee.

2. Das Oberkommando der deutschen Wehrmacht wird unverzüglich alle Behörden der deutschen Land-, See- und Luftstreitkräfte und allen von Deutschland beherrschten Streitkräften den Befehl geben, die Kampfhandlungen um 23.01 mitteleuropäischer Zeit am 8. Mai einzustellen und in den Stellungen zu verbleiben, die sie an diesem Zeitpunkt innehaben, und sich vollständig zu entwaffnen, indem sie Waffen und Geräte an die örtlichen alliierten Befehlshaber bzw. an die von den alliierten Vertretern zu bestimmenden Offiziere abliefern. Kein Schiff, Boot oder Flugzeug irgendeiner Art darf versenkt werden, noch dürfen Schiffrümpfe, maschinelle Einrichtungen, Ausrüstungsgegenstände, Maschinen irgendwelcher Art, Waffen, Apparaturen, techn. Gegenstände, die Kriegszwecken im allgemeinen dienlich sein können, beschädigt werden.

3. Das Oberkommando der deutschen Wehrmacht wird unverzüglich den zuständigen Befehlshabern alle von dem obersten Befehlshaber der alliierten Expeditionsstreitkräfte und dem Oberkommando der Roten Armee erlassenen zusätzlichen Befehle weitergeben und deren Durchführung sicherstellen.

4. Diese Kapitulationserklärung ist ohne Präjudiz für irgendwelche an ihre Stelle tretende Kapitulationsbedingungen, die durch die Vereinten Nationen und in deren Namen Deutschland und der deutschen Wehrmacht auferlegt werden mögen.

5. Falls das Oberkommando der deutschen Wehrmacht oder irgendwelche ihm unterstehende oder von ihm beherrschte Streitkräfte es versäumen sollten, sich gemäß den Bestimmungen dieser Kapitulationserklärung zu verhalten, werden der oberste Befehlshaber der alliierten Expeditionsstreitkräfte und das Oberkommando der Roten Armee alle diejenigen Straf- und anderen Maßnahmen ergreifen, die sie als zweckmäßig erachten.

6. Diese Erklärung ist in englischer, russischer und deutscher Sprache abgefasst. Allein maßgebend sind die englische und die russische Fassung.

Unterzeichnet zu Berlin am 8. Mai 1945
*gez. v. Friedeburg       gez. Keitel       gez. Stumpff*

für das Oberkommando der deutschen Wehrmacht. […]

(Zit. nach: W. Hofer (Hg.), Der Nationalsozialismus 1933–1945, Frankfurt/Main: Fischer 1976, S. 265 f.)

### M 6   Umbenennung einer Straße in Trier (12. Mai 1945)

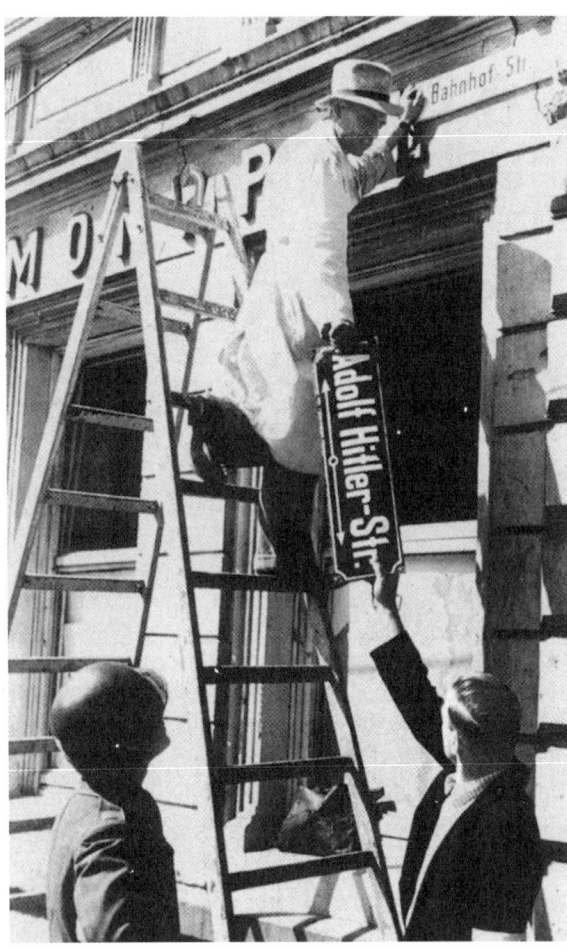

Aus: H. Möller (Hg.): Die tödliche Utopie. Bilder, Texte, Dokumente. Daten zum Dritten Reich. Institut für Zeitgeschichte, Berlin 1999, S. 424

▶ **Aufgaben**
1. Welchen Eindruck erwecken die Propagandaplakate (M 1, M 2)?
2. Was beabsichtigte Hitler mit seinem Befehl vom 19. März 1945 (M 3), was mit seinem „politischen Testament" (M 4)?
3. Wie ging der Krieg in Deutschland zu Ende? Untersuche die Quellen M 1, M 3, M 4, M 5 und M 6. Welche Rolle spielten dabei die Alliierten, welche die Nazis, welche die deutsche Bevölkerung?

## Die Anfangsjahre des Nationalsozialismus

Die ersten drei Arbeitsblätter beleuchten schlaglichtartig die Situation in Deutschland sowie die Hitlers und der NSDAP vor der Machtübertragung am 30. Januar 1933. Die Schülerinnen und Schüler erkennen dabei, dass die Diktatur nicht aus dem Nichts gekommen ist und dass es sachliche Probleme in Deutschland gab, die von gewieften Agitatoren für ihre Interessen ausgeschlachtet werden konnten.

### A 1: Belastungen der Weimarer Republik

Die Diskussion nationalsozialistischen Denkens bedarf einer Einbettung in strukturelle, personelle und institutionelle Voraussetzungen. Dies berücksichtigt die inzwischen gängige Lehrmeinung, die besagt, dass das Aufkommen der nationalsozialistischen Bewegung nicht monokausal erklärt werden kann. In der Sekundarstufe I ist diese Vorgehensweise aber nur bedingt möglich. Arbeitsblatt 1 thematisiert deshalb aus der Vielzahl der Faktoren, die Hitler und seiner Partei den Weg bereiteten, nur zwei: die sozialen Verhältnisse (M 1–3) und die politische Unsicherheit (M 4–5) in der Spätphase der Weimarer Republik.

Andere Bedingungsfaktoren für das Aufkommen des Nationalsozialismus können in einem Tafelbild zusammengestellt werden (vgl. Aufgabe 4).

**Mögliche Antworten (und Hintergrundinformationen):**
**Zu 1:** Bei dem „Demonstranten" (M1) handelt es sich um eines der vielen verzweifelten Opfer der Weltwirtschaftskrise 1929. Auch andere Fotos aus der Zeit zeigen Menschen, die als wandelnde Plakatsäulen versuchen, wieder Arbeit zu finden. Etwa zu dieser Zeit schnellte die Zahl der Arbeitslosen in Deutschland in die Höhe (M 2); fast jeder Erwerbstätige konnte über Nacht arbeitslos werden, und stand damit praktisch vor dem Nichts, denn die finanzielle staatliche Unterstützung war auf ein Minimum beschränkt, und Langzeitarbeitslose erhielten überhaupt keine Unterstützung mehr (M 3).
**Zu 2:** Die Karikatur zeigt drei Demonstrationszüge: zwei kommunistische (erkennbar am Stern), einen nationalsozialistischen (erkennbar am Hakenkreuz). Die Demonstranten ziehen durch die Straßen, werden ab und zu aufeinander treffen und sich bekämpfen, da sie gegensätzliche politische Interessen vertreten. So ist auch die Bildunterschrift zu interpretieren.
**Zu 3:** Das Schaubild zeigt
– die Instabilität der Regierungen (häufiger Wechsel der Kanzler und Koalitionen),
– eine Verschiebung der politischen Verantwortung von links nach rechts (bis 1923 befindet sich meist die SPD in der Regierungsverantwortung, bis 1928 das Zentrum zusammen mit (rechts)bürgerlichen Parteien, ab 1930 gibt es nur noch Präsidialkabinette, die ihren Auftrag allein vom Reichspräsidenten erhalten haben).
**Zu 4:** Mögliches Schaubild:

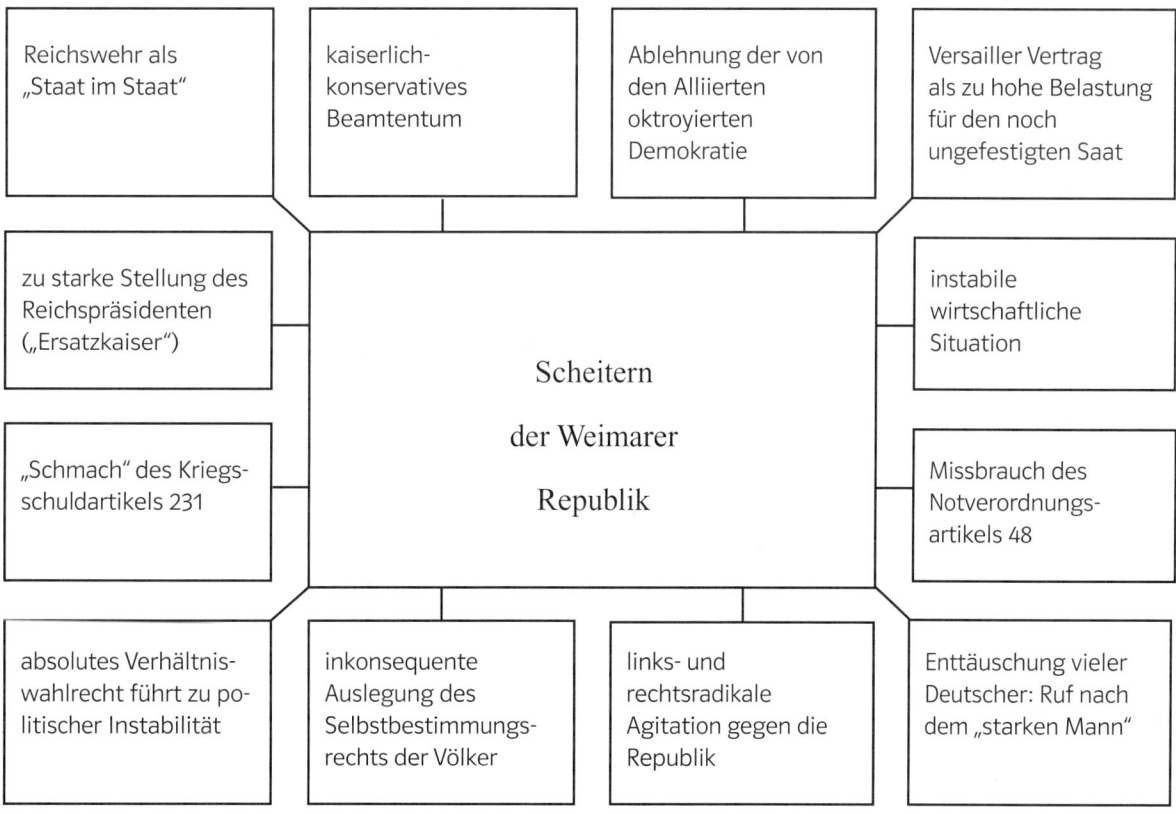

| | | | |
|---|---|---|---|
| Reichswehr als „Staat im Staat" | kaiserlich-konservatives Beamtentum | Ablehnung der von den Alliierten oktroyierten Demokratie | Versailler Vertrag als zu hohe Belastung für den noch ungefestigten Saat |
| zu starke Stellung des Reichspräsidenten („Ersatzkaiser") | | | instabile wirtschaftliche Situation |
| „Schmach" des Kriegsschuldartikels 231 | **Scheitern der Weimarer Republik** | | Missbrauch des Notverordnungsartikels 48 |
| absolutes Verhältniswahlrecht führt zu politischer Instabilität | inkonsequente Auslegung des Selbstbestimmungsrechts der Völker | links- und rechtsradikale Agitation gegen die Republik | Enttäuschung vieler Deutscher: Ruf nach dem „starken Mann" |

 © Ernst Klett Schulbuchverlag Leipzig GmbH, Leipzig 2004. Alle Rechte vorbehalten. ISBN 3-12-927916-4

## A 2: Hitlers Weltanschauung

Hitlers Weltanschauung gründet sich auf seine persönlichen Erfahrungen (u. a. aus seiner Wiener Zeit und aus dem Ersten Weltkrieg), auf seine Lektüre und auf seine Erlebnisse in der Politik. Schon im Parteiprogramm der Deutschen Arbeiterpartei (DAP), auf das Hitler Einfluss genommen hat, lassen sich Grundzüge der späteren Ausführungen, wie sie in „Mein Kampf" massenwirksam wiederkehren, erkennen.

**Mögliche Antworten (und Hintergrundinformationen):**
**Zu 1:** Der „aristokratische Grundgedanke der Natur" ist für Hitler die Begründung seiner Rassenpolitik: Er glaubt, eine qualitative Differenzierung in den verschiedenen Rassen, aber auch bei den Einzelwesen zu erkennen. Demnach gibt es höhere und niedere Rassen (und Einzelwesen); der Arier steht in seiner Weltanschauung an der Spitze. Dem Arier nützt dieses Denken, den von ihm so definierten niederen Rassen schadet es, weil es ihre Existenzberechtigung in Frage stellt.
**Zu 2:** Arier sind in Hitlers Weltanschauung die „Kulturbegründer", Juden die „Kulturzerstörer".
**Zu 3:** Hitler definiert den „Führer" als den allein Verantwortlichen, der Kraft seiner persönlichen Autorität an der Spitze des Staates steht. Das Führerprinzip widerspricht damit dem demokratischen Prinzip der Verantwortlichkeit nach unten.
**Zu 4:** Dieser Auszug aus „Mein Kampf" benennt das Ziel der nationalsozialistischen Außenpolitik: Eroberung von „Lebensraum im Osten", auf Kosten von „Russland" und die „ihm untertanen Randstaaten".
**Zu 5:** Der „große Diktator" Chaplins zeigt den Führer, der mit irrem Blick und in einer verkrampften Körperhaltung die Weltkugel als seinen Spielball ansieht.
**Zu 6:** Folgende Begriffe könnten genannt werden: Existenzrecht, Parasit, Schmarotzer, Wirtsvolk u. a.
**Zu 7:** Beispiel für eine Mindmap:

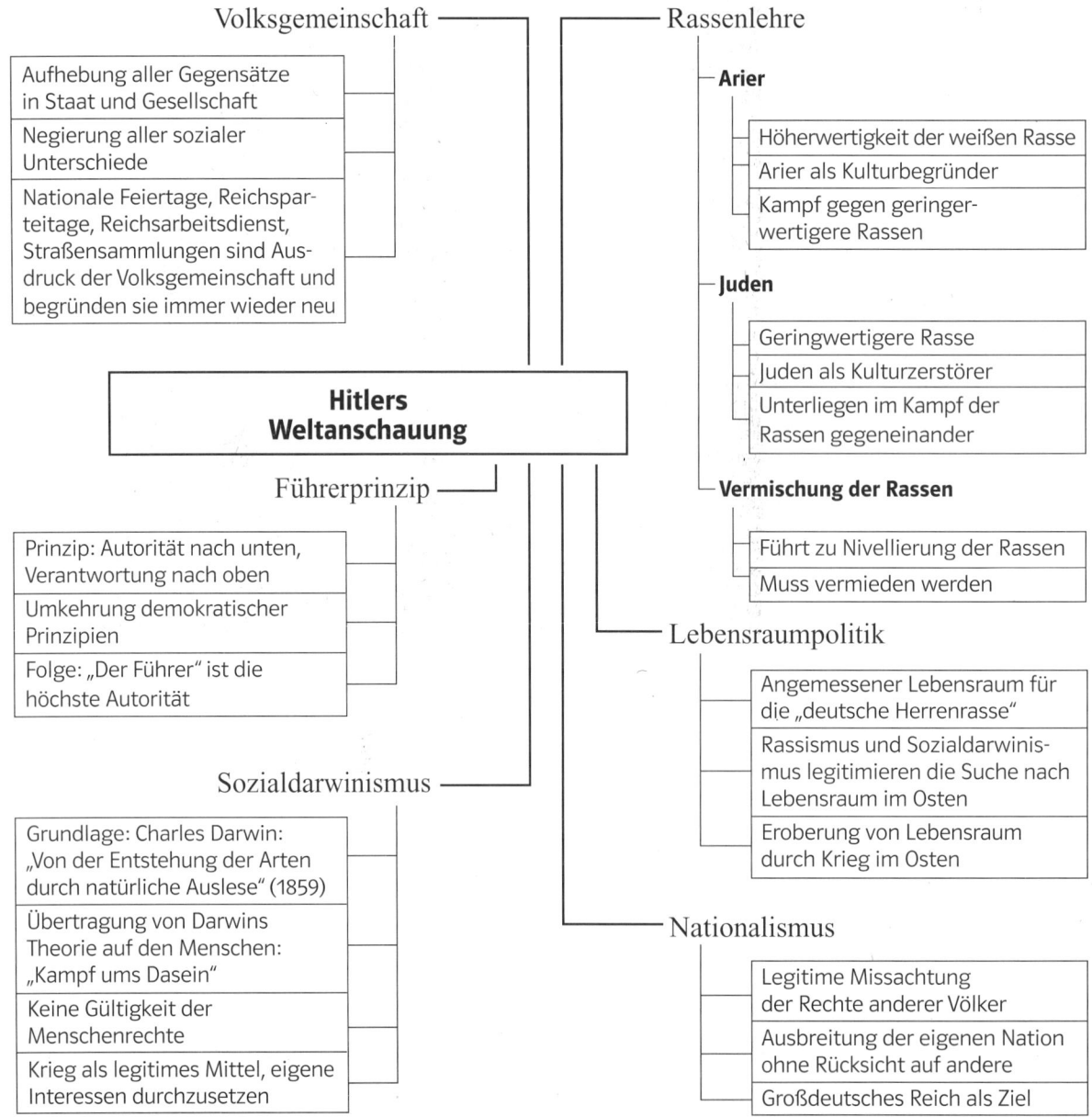

**Volksgemeinschaft**
- Aufhebung aller Gegensätze in Staat und Gesellschaft
- Negierung aller sozialer Unterschiede
- Nationale Feiertage, Reichsparteitage, Reichsarbeitsdienst, Straßensammlungen sind Ausdruck der Volksgemeinschaft und begründen sie immer wieder neu

**Hitlers Weltanschauung**

**Führerprinzip**
- Prinzip: Autorität nach unten, Verantwortung nach oben
- Umkehrung demokratischer Prinzipien
- Folge: „Der Führer" ist die höchste Autorität

**Sozialdarwinismus**
- Grundlage: Charles Darwin: „Von der Entstehung der Arten durch natürliche Auslese" (1859)
- Übertragung von Darwins Theorie auf den Menschen: „Kampf ums Dasein"
- Keine Gültigkeit der Menschenrechte
- Krieg als legitimes Mittel, eigene Interessen durchzusetzen

**Rassenlehre**
**Arier**
- Höherwertigkeit der weißen Rasse
- Arier als Kulturbegründer
- Kampf gegen geringerwertigere Rassen

**Juden**
- Geringwertigere Rasse
- Juden als Kulturzerstörer
- Unterliegen im Kampf der Rassen gegeneinander

**Vermischung der Rassen**
- Führt zu Nivellierung der Rassen
- Muss vermieden werden

**Lebensraumpolitik**
- Angemessener Lebensraum für die „deutsche Herrenrasse"
- Rassismus und Sozialdarwinismus legitimieren die Suche nach Lebensraum im Osten
- Eroberung von Lebensraum durch Krieg im Osten

**Nationalismus**
- Legitime Missachtung der Rechte anderer Völker
- Ausbreitung der eigenen Nation ohne Rücksicht auf andere
- Großdeutsches Reich als Ziel

Klett

## A 3: Der Putschversuch vom 9. November 1923

Bayern war nach der Niederschlagung der Räterepublik 1919 zu einem Zentrum des Rechtsradikalismus geworden. Der bayerische Ministerpräsident von Kahr ließ dies zu; mehr noch: Er spielte selbst mit Staatsstreichplänen. Doch Hitler ging das zu langsam und so putschte er selbst – vermutlich auch angeregt durch den Kapp-Putsch (1920), der zwar scheiterte, bei dem aber die Putschisten der Strafverfolgung entgingen. In Anlehnung an Mussolinis „Marsch auf Rom" plante Hitler nun einen „Marsch auf Berlin", der auf die Absetzung der bayerischen Regierung im Münchener Bürgerbräukeller folgen sollte. Dass der Putsch u.a. wegen Hitlers völliger Fehleinschätzung der verantwortlichen Politiker scheiterte, ändert nichts an seiner Bedeutung für Hitlers Bestreben, die alleinige Macht in Deutschland an sich zu reißen. Die Ziele Hitlers waren nach dem Putsch die gleichen wie vorher, lediglich seine Vorgehensweise änderte sich: Hitler hatte erkannt, dass er versuchen musste, legal an die Macht zu kommen, wollte er erfolgreich sein.

Dieses Arbeitsblatt dokumentiert den Hitler-Putsch von seinen Anfängen über die Haft Hitlers in Landsberg bis zur späteren Verklärung der Ereignisse des 8./9. November 1923.

**Mögliche Antworten (und Hintergrundinformationen):**

**Zu 1:** Die Schülerinnen und Schüler sollen erkennen, was es bedeutet, wenn ein relativ unbedeutender Provinzpolitiker versucht, mithilfe der politisch Verantwortlichen einen Putsch durchzuführen, der das Ziel hat, die Reichsregierung zu stürzen.

**Zu 2:** Es können sowohl psychologische Gründe genannt werden (Hitler will vor sich selbst und seinen Anhängern sein Versagen nicht eingestehen), auch machtpolitische Gründe sollten in Erwägung gezogen werden (Demonstration der politischen Macht bzw. der Unzufriedenheit mit der Reichspolitik in Bayern).

**Zu 3:** Gesichtsausdruck, Körperhaltung und Ausrüstung der Marschierenden deuten eher auf Demonstranten als auf gewaltbereite Putschisten hin, die von ihrem Sieg überzeugt sind.

**Zu 4:** Folgen für Hitler und die NSDAP: Fünf Jahre Festungshaft für Hitler (von denen er nur acht Monate verbüßen musste); Auseinanderfallen der NSDAP; Erkenntnis, dass Gewaltaktionen nicht zum gewünschten Ziel führen.

Erwartete Folgen: Längere Haftstrafen für Hitler und die anderen Hauptakteure; keine vorzeitige Entlassung; Ausweisung des Ausländers Hitler aus dem Deutschen Reich; Verbot der NSDAP.

Tafelbild zur Zusammenfassung des Arbeitsblatts:

### Der Hitler-Putsch

Unzufriedenheit mit der Weimarer Republik

↓

8. November 1923:
Putsch Hitlers im Münchener Bürgerbräukeller

↓

9. November 1923:
Marsch zur Feldherrnhalle

↓

Festnahme der Demonstranten
Festnahme Hitlers

↓

Prozess gegen Hitler:
– Verurteilung zu 5 Jahren Festungshaft
– Freilassung nach 8 Monaten

↓

Ab 1933: 9. November
als nationalsozialistischer Feiertag
(Gedenktag der „Gefallenen der Bewegung")

## „Machtergreifung" und Machtausbau

Dieses Kapitel spannt den Bogen von der Machtübertragung bis zur Diktatur Hitlers. Für die Schülerinnen und Schüler wird dabei deutlich, dass sich das demokratische Deutschland nicht über Nacht in eine Diktatur verwandelt hat. Es wird auch ersichtlich, dass es nicht nur das alleinige Wirken Hitlers war, das zur Diktatur geführt hat, dass vielmehr vom Reichspräsidenten von Hindenburg, seinen Beratern und den Abgeordneten aller Parteien eine Reihe von falschen Entscheidungen getroffen wurden, welche die Vollendung der Diktatur im Jahr 1934 erst möglich gemacht haben. Die Vorstellungen von der Gestaltungskraft Hitlers werden dadurch relativiert ohne diese zu verharmlosen, das Bild vom „großen Einzelnen", der Geschichte schreibt, wird zugunsten der historischen Gegebenheiten, die Hitler sehr wohl für sich genützt hat, verschoben.

### A 4: Der 30. Januar 1933

Als Reichspräsident Paul von Hindenburg am 30. Januar 1933 Hitler zum Reichskanzler ernannte, folgte er damit staatsrechtlich und formaljuristisch dem Weg, den er mit der Einsetzung des ersten Präsidial-

kabinetts 1930 eingeschlagen hatte. Die Regierung der „nationalen Konzentration" war ebenso ein Präsidialkabinett wie die vorangegangen unter Brüning, Papen und Schleicher. Man wusste zwar von Hitler, dass er die Demokratie ablehnte und den Rechts- und Verfassungsstaat verachtete, doch hatte er versprochen, keine illegalen Mittel anzuwenden (Legalitätseid). Außerdem hatte die NSDAP in den vorangegangenen Wahlen vom November 1932 eine herbe Niederlage hinnehmen müssen, wodurch Hitlers Position geschwächt schien. Dies und die Tatsache, dass in der neuen Regierung nur drei Nationalsozialisten vertreten waren, veranlasste von Papen zu dem häufig zitierten Ausspruch: „In zwei Monaten haben wir Hitler in die Ecke gedrückt, dass er quietscht."

Dieses Arbeitsblatt verdeutlicht die heterogene Stimmung, die am 30. Januar 1933 in der deutschen Bevölkerung und bei ausländischen Beobachtern herrschte. Es zeigt auch die Selbstinszenierung der NS-Bewegung, die diesen Tag zum „Tag der Machtergreifung" stilisierte.

**Mögliche Antworten (und Hintergrundinformationen):**

**Zu 1:** Mögliche Stichwörter sind: Volksgemeinschaft, Kampf gegen Standesvorurteile, Schutz und Recht für die Schwachen, Hoffnung, dass die Menschen aller Schichten wie Geschwister leben würden, beeindruckende Feierlichkeiten, gewaltige Menschenmassen, Beteiligung Gleichaltriger, Gemeinschaftserlebnis, Gefühl der eigenen Wichtigkeit.

**Zu 2:** Massenbewegung, deren Ziel noch nicht sichtbar ist, blinde Gefolgschaft (bis in den Tod).

**Zu 3:** Papens Einschätzung ist nachzuvollziehen, wenn man nur die Zusammensetzung des Kabinetts und die historischen Grundlagen seiner Einsetzung betrachtet.

**Zu 4:** Der Kernsatz lautet: „Die Stunde fordert die Einigkeit des ganzen arbeitenden Volkes zum Kampf gegen die vereinigten Gegner. Sie fordert zum Einsatz der letzten und äußersten Kräfte." Diesen Kampf will die SPD auf dem Boden der Verfassung führen.

**Zu 5:** Der Karikaturist aus den Niederlanden stützt sich vor allem auf den Eindruck, den die Nationalsozialisten in der Öffentlichkeit (und im Ausland) erwecken. Er sieht sie als Verführer, die dem deutschen Volk den Tod bringen, er erkennt auch die gewalthaltigen Strukturen, die der NSDAP innewohnen.

### A 5: Der Reichstagsbrand

Als in der Nacht zum 28. Februar 1933 der Reichstag brannte, war das (wobei noch heute in der Forschung umstritten) wohl das Werk eines Einzeltäters. Nichtsdestotrotz nützte die nationalsozialistische Führungsriege den Vorfall für ihre Zwecke: Noch in der gleichen Nacht wurde die Verfolgung der Kommunisten und die Unterdrückung der Sozialdemokraten beschlossen. Am 28. Februar unterzeichnete der Reichspräsident die

„Verordnung zum Schutz von Volk und Staat", die als Reichstagsbrandverordnung traurige Berühmtheit erlangt hat. Unter Berufung auf Art. 48 der Weimarer Verfassung wurden in § 1 wichtige Grundrechte außer Kraft gesetzt, z. B.:
– das Recht auf freie Meinungsäußerung,
– die Pressefreiheit,
– die Vereins- und Versammlungsfreiheit,
– das Brief-, Post-, Telegrafen- und Fernsprechgeheimnis,
– die Unverletzlichkeit der Wohnung und
– das Eigentumsrecht.

Bei Hochverrat und Brandstiftung konnte nun die Todesstrafe verhängt werden. Der Gleichschaltung der Länder war durch § 2 der Boden bereitet.

Der Reichstagsbrand versetzte Deutschland in den Ausnahmezustand. Tausende von Kommunisten und andere politische Gegner wurden verhaftet und in Konzentrationslager gebracht, die Weimarer Verfassung war faktisch außer Kraft gesetzt, die Reichstagsbrandverordnung wurde zur eigentlichen „Verfassungsurkunde" (Ernst Fraenkel).

**Mögliche Antworten (und Hintergrundinformationen):**

**Zu 1:** Die Abbildung zeigt Passanten, die ungläubig, ja verstört den Brand beobachten. Die Nationalsozialisten reagieren sofort, indem sie auf Plakaten die Kommunisten der Tat beschuldigen und Maßnahmen gegen sie und die Sozialdemokratie ankündigen. Durch die sog. Reichstagsbrandverordnung schaffen sie am folgenden Tag die Grundlagen für die faktische Abschaffung der Demokratie.

**Zu 2:** Die Vorgänge um den Reichstagsbrand sind bis heute nicht restlos aufgeklärt, es kann aber davon ausgegangen werden, dass der Holländer Marinus van der Lubbe, der Kontakte zu Kommunisten hatte, der alleinige Täter war. Obwohl auch später die Beteiligung deutscher Kommunisten an diesem Terrorakt nie nachgewiesen wurde, nutzten die Nationalsozialisten das Ereignis sofort zur Unterdrückung und Ausschaltung ihrer politischen Gegner.

### A 6: Der Tag von Potsdam

Bei den Neuwahlen am 5. März erreichte die NSDAP ihr Ziel, die absolute Mehrheit, nicht. Hitler haftete zu Beginn seiner Kanzlerschaft noch immer das Negativimage des (gescheiterten) Revolutionärs und des Anführers der Straßenschlachttruppe SA an. Davon versuchte er loszukommen. Als am 21. März 1933 der neue Reichstag in der Potsdamer Garnisonskirche eröffnet wurde, nahm Hitler die Gelegenheit wahr, für seine Person Propaganda zu machen. Dazu inszenierte Goebbels ein Schauspiel, bei dem Hitler als bürgerlicher Politiker auftrat: Er trug keine Uniform, sondern feierlich-dunkle Zivilkleidung, verneigte sich vor Hindenburg, betonte seine Vergangenheit als „einfacher Gefreiter" und nahm zusammen mit den angesehenen Repräsentanten des Staates am Gottesdienst teil; Hitler demonstrierte damit augenfällig die Übereinstimmung des neuen nationalsozialistischen mit dem alten preußisch geprägten Deutschland.

**Mögliche Antworten (und Hintergrundinformationen):**
**Zu 1:** Die Darstellung appelliert an das Nationalgefühl der Leser und betont die Tradition: Hitler ist zweimal im Zusammenhang mit Hindenburg abgebildet; einmal unter der Überschrift „Zwei Kämpfer des Weltkrieges" – „der Marschall" – „der Gefreite"; das andere Mal beim historischen Händedruck in Potsdam mit der Bildunterschrift „Vierzehn Jahre später". Ziel der Darstellung ist die Aufwertung Hitlers zum respektablen Politiker, der sich der Gunst des von vielen deutschen verehrten Hindenburg sicher ist.
**Zu 2:** Die Schlagzeile „Deutschland ist auferstanden!" bezieht sich mit dem Hinweis auf die Gründung des „neuen Deutschen Reiches" im Untertitel auf die Tradition des Kaiserreichs. Die Jahre der Weimarer Demokratie werden dadurch abgewertet.
**Zu 3:** Hitler spielt die Rolle des gemäßigten bürgerlichen Politikers, er gibt damit scheinbar von Papen und seinem „Zähmungskonzept" Recht. Von einer Inszenierung muss gesprochen werden, weil dieses öffentliche Auftreten in krassem Gegensatz zum Vorgehen Hitlers im Zusammenhang mit dem Reichstagsbrand und den nachfolgenden Aktionen zur Abschaffung der Demokratie stand. Ziel der Inszenierung war es, die Öffentlichkeit zu beruhigen und zu täuschen, Hitler als respektablen Politiker darzustellen und die wahren Absichten der Nationalsozialisten zu verschleiern.

Tafelbild zur Zusammenfassung des Arbeitsblatts:

**Der Tag von Potsdam (21. März 1933)**

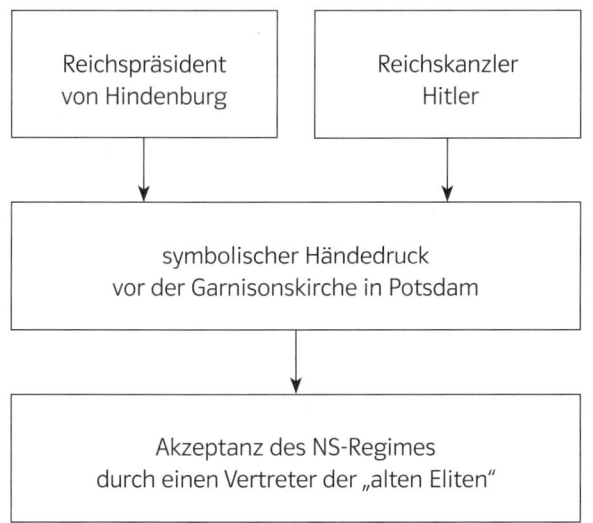

**A 7: Deutschland wird Diktatur**

Dieses Arbeitsblatt fasst die wichtigsten Stationen der Machtergreifung bis zur Vollendung der Diktatur zusammen. Es kann im Unterricht zur Zusammenfassung oder zur Wiederholung eingesetzt werden, evtl. als OHP-Folie.

## Leben unter dem Hakenkreuz

Dem autoritären Charakter der NS-Bewegung wohnte inne, das gesamte deutsche Volk zu erfassen und in den Dienst seiner Sache zu stellen. Es wurde deshalb für alles und jeden ein Verband, ein Verein oder eine Organisation gegründet – diese befanden sich aber nicht in einem produktiven Wettstreit miteinander, sondern waren alle gleichgeschaltet, also auf Parteilinie gebracht und der NSDAP angegliedert. Die Erziehung der Kinder und Jugendlichen im Sinn des Nationalsozialismus übernahmen die „Hitlerjugend", der „Bund Deutscher Mädel" und der „Reichsarbeitsdienst"; Frauen waren in der „NS-Frauenschaft", Männer in den verschiedenen Gliederungen der NSDAP (SA, SS, SD, Nationalsozialistisches Kraftfahrerkorps NSKK, Nationalsozialistischer Deutscher Studentenbund NSDStB usw.) organisiert. Daneben gab es Freizeit- und soziale Organisationen wie die „Nationalsozialistische Volkswohlfahrt" (NSV), das „Winterhilfswerk" (WHW) und „Kraft durch Freude" (KdF) usw. Der Gleichschaltung mit den Ideen des Regimes dienten auch die nationalsozialistischen Berufsverbände wie der „NSD-Ärztebund", der „NS-Lehrerbund", der „NS-Juristenbund" usw. Die völkische Gemeinschaft wurde an Fest- und Feiertagen gepflegt, die eigens von den Nationalsozialisten eingerichtet wurden: der 30. Januar als „Tag der Machtergreifung", der 20. April als „Führers Geburtstag", der 9. November als Gedenktag der „Gefallenen der Bewegung" (gemeint war der Hitler-Putsch 1923) usw.
Um die Bevölkerung im Gleichschritt zu halten und um anti-nationalsozialistisches Denken zu unterdrücken wurden große Propagandaanstrengungen „für Führer und Vaterland" unternommen; wirtschaftliche Verbesserungen wurden in der parteinahen Presse und im Radio (ein „Volksempfänger" sollte in jedem Haushalt stehen) als Leistungen Hitlers dargestellt, ebenso die Senkung der Arbeitslosenquote.

### A 8: „Hitlerjugend" und „Bund Deutscher Mädel"

Die „Hitlerjugend" wurde 1926 gegründet und war ursprünglich der SA unterstellt. Erst nach der Machtübernahme der Nationalsozialisten wurde sie unter dem „Reichsjugendführer" Baldur von Schirach zu einer Massenbewegung. Ende 1933 waren etwa 2,3 von ins-

gesamt 7,5 Millionen Jugendlichen in der HJ, schon ein Jahr später waren es 3,5 Millionen. Ziel der Nationalsozialisten war es, alle Jugendlichen zwischen 10 und 18 Jahren in einer parteinnahen Organisation zu erfassen und sie im nationalsozialistischen Sinn zu erziehen. Dies ging soweit, dass angestrebt wurde, die gesamte außerschulische Erziehung der HJ zu übertragen. Ab 1936 mussten alle Kinder dem „Deutschen Jungvolk" (DJ) bzw. den „Jungmädeln" (JM) beitreten. Ab 14 Jahren wurden sie in der „Hitlerjugend" und im „Bund Deutscher Mädel" (BDM) erfasst. Mit 18 Jahren wurden die jungen Männer und Frauen in den „Reichsarbeitsdienst" (RAD) entlassen, der ab 1939 Pflicht war.

**Mögliche Antworten (und Hintergrundinformationen):**
**Zu 1:** Hitlers Erziehungsideale:
– Die Jugendlichen sollen ganz im Sinn des Nationalsozialismus erzogen werden; dazu wurden verschiedene Organisationen geschaffen.
– Sie sollen „deutsch" denken und handeln.
– Sie sollen ihre bürgerliche/ständisch geprägte Herkunft vergessen und nationalsozialistisches Gedankengut aufnehmen.
– Die Indoktrination soll so umfassend sein, dass sie ihr ganzes Leben „nicht mehr frei" davon werden.
**Zu 2:** Die nationalsozialistischen Jugendorganisationen besaßen für viele eine enorme Anziehungskraft; diese lässt sich in folgende Stichworte fassen:
– Scheinbare Aufwertung des eigenen Ich (durch Maßnahmen wie Tragen einer Uniform, Befehlsgewalt über Jüngere, Nachahmung des „Führers" usw.),
– Distanzierung von der Welt der Erwachsenen (Gleichheitsideal, Abkehr von traditionellen Werten und Normen usw.),
– Gemeinschaftserlebnisse (wie eigene Feiern, sportliche Wettkämpfe, Zeltlager, Umgang mit Gleichaltrigen usw.).
Als Erwachsene sehen die ehemaligen Hitlerjungen die NS-Jugendbewegung kritisch. Sie verleugnen nicht, was sie daran fasziniert hat (Robert Oppenländer), erkennen aber den damals herrschenden Geist von Propaganda und Indoktrination (Hans-Jochen Vogel, Erich Loest) und ihre eigene Verführbarkeit (Hans-Jochen Vogel, Erich Loest, Karl-Heinz Janßen).
**Zu 3:** Hier sind letztlich die gleichen Gründe anzuführen wie bei den männlichen Jugendlichen. Sie haben aber umso mehr Gewicht, da sich die Mädchen und Frauen in den traditionellen Milieus in einer untergeordneten Rolle befanden. In der NS-Jugendbewegung verspürten sie hingegen einen frühen Hauch von Emanzipation; dies war ein Versprechen, das in der gesellschaftlichen Realität nicht eingehalten wurde (vgl. A 10/A 11).
**Zu 4:** Die Widersprüche zwischen Ideologie und Realität sind offenkundig; sie können in folgendem Schaubild dargestellt werden:

| Ideologie | Realität |
| --- | --- |
| Kameradschaft | Verzweiflung |
| Gefühl von Abenteuer | Entsetzen |
| körperliches Training | Kampf |
| Erziehung zur Selbst- | Krieg |
| ständigkeit | Verwundung |
| Naturerlebnis | Zerstörung |
| Flucht aus der Zivilisation | Heimatlosigkeit |
| Ablegen bürgerlicher | |
| Lebensformen | |
| Bewusstsein der eigenen | |
| Individualität | |
| Betonung des Gefühls | |

## A 9: Schule im „Dritten Reich"

Nach der Gleichschaltung der Länder war das neu geschaffene Reichserziehungsministerium für die Schulen zuständig. Trotzdem blieben diese anfangs ziemlich unbehelligt; lediglich Privatschulen wurden geschlossen. Auch auf Lehrpläne wurde anfangs wenig Einfluss genommen. Die von Hitler geforderte „Rassenkunde" wurde nicht Pflichtfach, Konfessionsschulen wurden jedoch massiv behindert. Gleiches galt für jüdische Schüler. Ihre Zahl wurde an Gymnasien und höheren Schulen auf ein Prozent beschränkt. Nach 1937 wurden die Maßnahmen jedoch rigoroser: Sinti und Roma wurden von allen Schulen verwiesen, jüdische Schulen wurden nach den Novemberpogromen erst vorübergehend, dann endgültig geschlossen. Auf die Lehrer wurde schon nach 1933 Einfluss genommen: Viele wurden auf der Grundlage des Gesetzes zur „Wiederherstellung des Berufsbeamtentums" entlassen, die anderen spürten die latente Bedrohung, vor allem, weil die Lehrerverbände aufgelöst bzw. gleichgeschaltet waren. Schon zwei Jahre später waren 25% der Lehrer im NS-Lehrerbund organisiert. Die Indoktrination erfolgte verdeckt, sie war im Wesentlichen abhängig von der Gesinnung der Lehrkräfte: Es gab stramme Parteigänger, die den Hitlergruß einforderten und sein Ausbleiben sanktionierten, und andere, die darüber hinwegsahen.

**Mögliche Antworten (und Hintergrundinformationen):**
**Zu 1:** Die Schülerinnen und Schüler sollen das sozialdarwinistische Gedankengut erkennen, das der NS-Rassenlehre innewohnt.
**Zu 2:** Die Aufgabenstellung regt zu einer Diskussion über richtiges und falsches Verhalten und die Angemessenheit von Sanktionen an.
**Zu 3:** Die dialektische Form der Erörterung erfordert ein Abwägen des Für und Wider, die steigernde Form verzichtet auf Gegenargumente, sie wirkt deshalb suggestiv.
**Zu 4:** Nationalsozialistisches Gedankengut spielte im Schulunterricht über die Fächergrenzen hinweg eine un-

ter Umständen wichtige Rolle, besonders in den Schulbüchern. Die Themen dienen
– der Verherrlichung der Person Hitlers,
– der Verharmlosung menschenunwürdiger Praktiken der NSDAP,
– der gedanklichen Vorbereitung des Kriegs.
– Außerdem immunisieren sie die Schülerinnen und Schüler gegen das menschenverachtende Denkgebäude des Nationalsozialismus und seine Versprachlichung.

## A 10: Die Rolle der Frauen

Das nationalsozialistische Frauenbild wird in der Öffentlichkeit meist auf die drei „K" – „Kinder, Küche, Kirche" – reduziert. Wichtig ist dabei, dass der Nationalsozialismus sich eines konservativen Denkmodells bemächtigte, ohne dieses aber wirklich zu meinen. In Wirklichkeit gab es im NS-Gedankengut keinen gesellschaftlichen Bereich, der nur den Frauen zugesprochen wurde. Die Frauen waren ganz im Gegenteil völlig in die Männerwelt des „Dritten Reichs" eingebunden. Sie hatten für „erbgesunden" Nachwuchs zu sorgen, damit das nationalsozialistische System, das auf Expansion und Krieg, auf Unterdrückung und Vernichtung Schwächerer aufbaute, funktionieren konnte. Das Frauenbild des Nationalsozialismus reduziert sich damit auf ein Mutterbild. Die Instrumentalisierung des Muttertages (den es schon vor 1933 gab) und die Einführung des Mutterkreuzes dienten der Kompensation fehlender Einflussmöglichkeiten der Frauen in Staat und Gesellschaft.

**Mögliche Antworten (und Hintergrundinformationen):**
**Zu 1:** Der Große Brockhaus definiert Emanzipation so: „Emanzipation [lateinisch „Freilassung"] *die*, die Befreiung von Individuen oder Gruppen aus rechtlicher, politisch-sozialer, geistiger oder psychischer Abhängigkeit…Mit dem Übergang zur Industriegesellschaft wurde der Emanzipationsbegriff ausgedehnt auf die politisch-soziale Gleichstellung der Arbeiter und der Frau (Frauenbewegung)."
(Aus: Der Brockhaus multimedial 2000, 1999, Stichwort „Emanzipation")
Hitler sagt dazu stichwortartig Folgendes:
– Emanzipation ist ein vom jüdischen Intellekt geprägtes Wort.
– Die deutsche Frau braucht sich nicht zu emanzipieren.
– Aufgabengebiet der Frau ist die kleine Welt des Hauses.
Die Emanzipation der Frau ist – nach Hitler - unnötig, da die Frau nicht unterdrückt wird. Sie betreut ein eigenes Aufgabengebiet, das dem des Mannes zuarbeitet. Soweit die Ideologie. Die Wirklichkeit sah anders aus: Frauen waren im „Dritten Reich" nie in Führungspositionen, selbst die „Reichsfrauenführerin" Gertrud Scholtz-Klink konnte nicht selbstständig agieren, der BDM z. B. unterstand dem „Reichsjugendführer" Baldur von Schirach.
**Zu 2:** Den Widerspruch von Ideologie und Realität zeigt folgendes Schaubild:

**Die Frau im Nationalsozialismus**

| offizielles NS-Frauenbild | Lebenswirklichkeit der Frauen im „Dritten Reich" |
|---|---|
| Ideal: Frau als Hausfrau und Mutter (Verherrlichung durch das Mutterkreuz) | Realität:<br>- Arbeiterin im Haus, in der Fabrik und in der Landwirtschaft<br>- Tätigkeiten in der Krankenpflege und in Pflegeberufen<br>- während des Kriegs: verstärkter Einsatz in „Männerberufen" |
| Aufgabenfelder:<br>- Dienerin des Mannes<br>- Dienst am Volk | Mittel:<br>- Begrenzung der Studienplätze für Frauen<br>- Reduzierung der Führungspositionen für Frauen (besonders im öffentlichen Dienst) |
| zuständig für:<br>- Mann, Familie, Kinder, Haus<br>- Gebären von Nachkommen | Gründe:<br>- Bedarf an billigen Arbeitskräften in der Industrie<br>- Arbeitskräftemangel in der Rüstungsindustrie<br>- Zwang zur Berufstätigkeit bei vielen Frauen (zur Sicherung des Familieneinkommens) |
| Ziel:<br>- Entpolitisierung der Frau<br>- Verdrängung der Frau aus der Arbeitswelt | Ziel:<br>- Aufrechterhaltung der Produktion, bes. während des Kriegs |

## A 11: Die nationalsozialistische Familie

Die nationalsozialistische Weltanschauung stilisierte die Familie zur „kleinen Welt", die scheinbar gleichberechtigt neben der „großen Welt" existiert, in der der Mann agiert: Während sich der Mann in der Arbeitswelt und im Krieg bewährt, sorgt die Frau für „Heim und Herd". Dieses Familienbild wurde propagandistisch in Reden der Parteioberen, in Artikeln der parteinahen Presse und in der halb-offiziellen nationalsozialistischen Kunst (Gemälde von Paul Mathias Padua und Adolf Wissel, Romane von Edwin Erich Dwinger, Emil Strauss und anderen) verbreitet: Auch sozialpolitische Weichenstellungen förderten die neue Familienpolitik. Schon ab 1933 gab es sog. Ehestandsdarlehen, die eine Familiengründung erleichtern sollten. Das Ziel war dabei, die Frauenrolle in ihrer Reduzierung auf die Tätigkeit zu Hause und als Mutter zu stärken und damit – langfristig – für mehr Nachkommen zu sorgen. Außerdem – und das war ein Hauptgrund – sollten Arbeitsplätze für Männer freigemacht und damit der Massenarbeitslosigkeit wenigstens statistisch begegnet werden.

Als ab 1936 die Rüstungskonjunktur ansprang, wurde das Ziel, die Frauen aus dem Berufsleben zu verdrängen, wieder aufgegeben. Nun herrschte Arbeitskräftemangel, sodass Frauen wieder eingestellt wurden; sie erhielten aber nur Arbeitsstellen, die keine höheren Qualifikationen erforderten und die dementsprechend schlecht bezahlt waren, wie überhaupt ein Ungleichgewicht zwischen Männer- und Frauenlöhnen feststellbar ist (die Männerlöhne stiegen zwischen 1933 und 1940 um etwa 10%, während die Frauenlöhne im gleichen Zeitraum um ca. 6% fielen). Ideologisch und propagandistisch hielten die Nationalsozialisten aber auch nach 1936 an ihrem Frauen- und Familienbild fest.

**Mögliche Antworten (und Hintergrundinformationen):**
**Zu 1:** Folgendes Schaubild zeigt die im Nationalsozialismus gewünschte Rollenverteilung von Mann und Frau in der Familie: (siehe Tafelbild)

**Zu 2:** Während des Krieges war die Hausfrau zugleich Ernährer der Familie, sie war praktisch gezwungen, berufstätig zu sein, auch damit die Produktion weiterlief.

| Rollen- und Aufgabenverteilung in der idealen nationalsozialistischen Familie | |
|---|---|
| **Mann:** | **Frau:** |
| Betätigungen:<br>– Arbeit<br>– Kampf<br>– Krieg<br>– Einsatz für sein Volk<br>– Einsatz für seine Familie | Betätigungen:<br>– Haushaltsführung<br>– Sorge für die Kinder<br>– Einsatz für die Familie |
| Betätigungsfelder:<br>– Staat<br>– Wirtschaft<br>– Schlachtfeld | Betätigungsfelder:<br>– Haus<br>– Feld<br>– Garten |

**Sorge für die Familie, Existenzgründung**

**Unterstützung, Ausführung**

## A 12: Kirche und Nationalsozialismus

Das Verhältnis des nationalsozialistischen Regimes zu den Kirchen war ambivalent. Grundsätzlich sah sich der Nationalsozialismus zu allen Kirchen in Konkurrenz und lehnte sie deshalb ab. Kleinere Glaubensgemeinschaften wie die Zeugen Jehovas wurden noch 1933 verboten und ihre aktiven Mitglieder verfolgt, interniert (sie waren durch den violetten Winkel stigmatisiert), viele zu Tode gefoltert oder hingerichtet.

Weniger einfach war für das Regime der Umgang mit den großen Kirchen, die viele Mitglieder und Fürsprecher im Ausland hatten. Die Fuldaer Bischofskonferenz akzeptierte im Juli 1933 das NS-Regime, weil sie die katholische Kirche durch Zusammenarbeit mit dem neuen Regime geschützt glaubte. Noch im gleichen Monat schloss das nationalsozialistische Deutschland mit dem Vatikan das Reichskonkordat ab. Dieses war für die Nationalsozialisten von erheblicher Bedeutung, da die offenkundig zur Schau gestellte Bündnisfähigkeit des Regimes mit der katholischen Kirche einen Prestigegewinn im In- und Ausland bedeutete. Für den Vatikan war das Konkordat zur Abgrenzung zum Kommunismus hin wichtig, versprach man sich von Deutschland doch ein klares Vorgehen gegen den Bolschewismus. Außerdem wurde der katholischen Kirche das Recht auf Selbstverwaltung sowie die Einrichtung konfessioneller Schulen und die Einrichtung des Religionsunterrichts an staatlichen Schulen eingeräumt. Die katholische Kirche nahm damit den Verzicht ihrer Geistlichen auf politische Betätigung in Kauf. Als Deutschland die Bestimmungen des Konkordats immer wieder verletzte, nahm Papst Pius XI. mit der Enzyklika „Mit brennender Sorge" Stellung und brandmarkte die Übergriffe der Nationalsozialisten gegen die Christen.

Leichter als mit der katholischen Kirche hatten es die Nationalsozialisten mit der evangelischen Kirche; es gab keine Zentralinstanz außerhalb Deutschlands und viele evangelische Geistliche, vor allem Universitätstheologen, fühlten sich von der Volkstumsideologie und dem Führerprinzip angezogen. Dieser Zusammenschluss der NSDAP-nahen „Deutschen Christen" wählte im September 1933 Ludwig Müller zum „Reichsbischof". Die evangelischen Geistlichen und Gläubigen, die das Regime ablehnten, sammelten sich im Umfeld von Pastor Niemöller im „Pfarrernotbund", aus dem die „Bekennende Kirche" hervorging, eine Widerstandsbewegung, die sich in der „Barmer Erklärung" von 1934 energisch von der Parteitreue der „Deutschen Christen" distanzierte. Die NSDAP ließ auch diesen Widerstand nicht zu, verbot die Verbreitung der „Barmer Erklärung", schikanierte die Anhänger der „Bekennenden Kirche", ließ Pfarrer verhaften, ihrer Ämter entheben und in Konzentrationslager bringen. Martin Niemöller wurde 1937 wegen „Kanzelmissbrauchs" und „Vergehen gegen die Heimtücke" verhaftet und zu sieben Monaten Festungshaft verurteilt. Als „persönlicher Gefangener des Führers" wurde er in verschiedenen Konzentrationslagern festgehalten, bis ihn 1945 amerikanische Soldaten befreiten.

### Mögliche Antworten (und Hintergrundinformationen):

**Zu 1:** Die NS-Kirchenpolitik war zweigleisig. In offiziellen Bekundungen sprachen sich Hitler und die Parteifunktionäre für eine Zusammenarbeit mit den christlichen Kirchen aus und betonten ihre Wichtigkeit. In Hitlers Regierungserklärung vom 23. März 1933 ist die Rede von gegenseitigem Respekt, unantastbaren Rechten der Kirchen, Einfluss der Kirchen auf Schule und Erziehung, gemeinsamem Kampf gegen die materialistische Weltanschauung und gemeinsamer Herstellung der Volksgemeinschaft. In privater Umgebung äußerte sich Hitler ganz anders: Die Kirchen hätten keine Zukunft mehr, er wolle das Christentum in Deutschland „mit Stumpf und Stiel" ausrotten, alles sei nur „jüdischer Schwindel".

**Zu 2:** Die abgedruckten inhaltlichen Bestimmungen des Konkordats sind vermutlich bis auf den entscheidenden Artikel 16 für die Schülerinnen und Schüler nachvollziehbar. Mit Zustimmung zu Artikel 16 ist den Vertretern der katholischen Kirche jedoch jede Möglichkeit zur Kritik und zum aktiven Widerstand gegen das NS-Regime genommen. Im Kommentar des „Völkischen Beobachters" zeigen sich die wirklichen Absichten der Nationalsozialisten, die sie zum Abschluss des Konkordats geführt haben. Diese hat wohl auch Papst Pius XI. durchschaut, der sich in seiner Enzyklika deutlich vom Nationalsozialismus distanziert.

**Zu 3:** Aus der Sicht der Machthabenden ist das Vorgehen der Gestapo nachvollziehbar, ja gewünscht; dem Wortlaut des Konkordats widerspricht es jedoch.

Tafelbild zur Zusammenfassung des Arbeitsblatts:
(siehe Seite 84)

**NS-Kirchenpolitik**

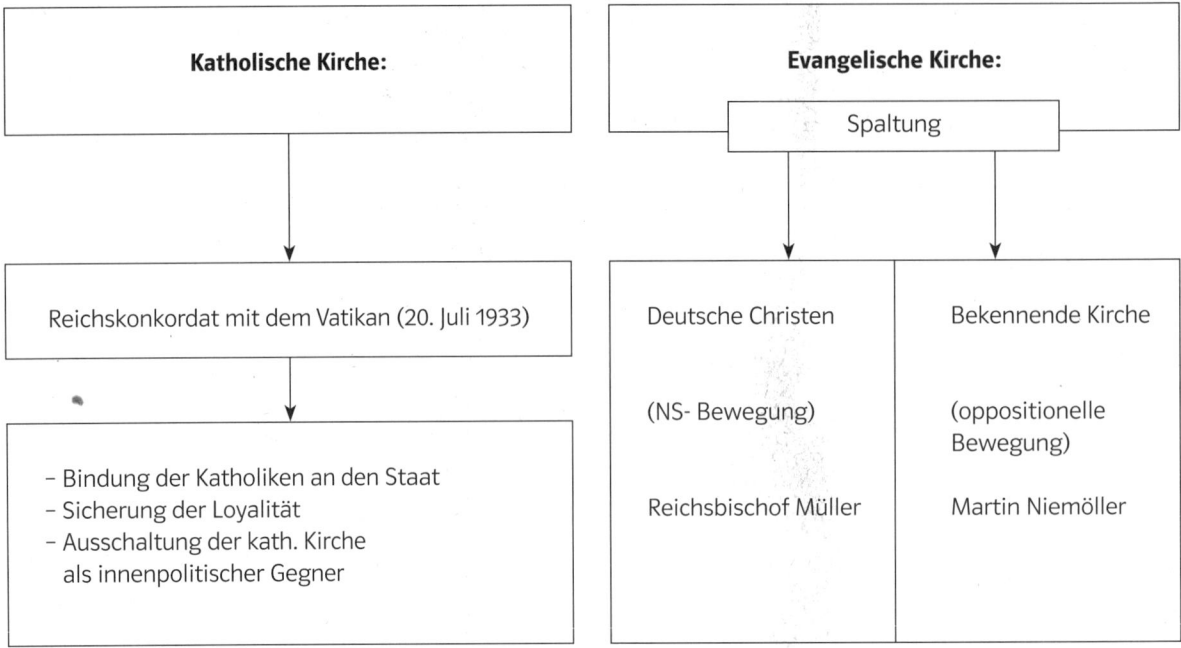

---

## A 13: „Volksgemeinschaft" und Außenseiter

Das nationalsozialistische System war zur Stärkung der Volksgemeinschaft auf die Abgrenzung von anderen angewiesen. Diese Taktik bedurfte klarer Feindbilder, die von der Mehrheit der Deutschen aktiv mitgetragen oder wenigstens toleriert wurden. Man grenzte sich deshalb gegen Gruppen ab, die als Randgruppen der Gesellschaft gesehen werden konnten: Homosexuelle, geistig Behinderte, Anhänger religiöser Minderheiten, Ausländer (die einem anderen Kulturkreis entstammten), Angehörige anderer „Rassen", politisch anders Denkende usw. Diese Menschen wurden zu Außenseitern gemacht, wenn sie dies auch nicht waren, sie wurden durch Propaganda aus der Volksgemeinschaft ausgegrenzt, stigmatisiert, letztlich in Konzentrations- oder Vernichtungslager gebracht und ermordet.

Diese Feindbilder, die teilweise indoktriniert waren, teilweise dem Denken vieler Deutschen entsprachen, sollten die Bevölkerung noch enger zusammenschweißen. Wenn auch manches Vorgehen gegen die „Außenseiter" bei den Menschen auf Ablehnung gestoßen ist, hat die Ausgrenzung doch die beabsichtigte Wirkung erzielt: Die Bevölkerung rückte in der Mehrheit enger zusammen, ist für die Parolen der Nationalsozialisten empfänglicher geworden und trat nur in einzelnen Fällen für die Rechte der „Anderen" ein. Die politische Propaganda tat ein Übriges: Unablässig wurde der „deutsche Geist", das „deutsche Wesen" verherrlicht, an das Gemeinschaftsgefühl appelliert, das Volkstum beschworen. Zahlreiche Festveranstaltungen und neu eingeführte Feiertage sollten dieses Gemeinschafts-

gefühl fördern: der im Arbeitsblatt dargestellte „Eintopfsonntag" gehört ebenso dazu wie Sonnwendfeiern, 1. Mai-Feiern oder die bis 1938 in Nürnberg zelebrierten Reichsparteitage.

**Mögliche Antworten (und Hintergrundinformationen):**

**Zu 1:** Die Schülerinnen und Schüler werden das Pathos der Darstellung nur schwer nachvollziehen können. Der Text stammt von Artur Axmann, dem Nachfolger Baldur von Schirachs als „Reichsjugendführer" (seit 1940).

**Zu 2:** Der ursprünglich wertfrei gebrauchte Begriff „Volksgemeinschaft" ist seit der Zeit des Nationalsozialismus negativ besetzt. Er wird assoziiert mit Ausgrenzung anders Denkender bis hin zum Völkermord.

**Zu 3:** Als „erbkrank" wurden jene Menschen bezeichnet, die geistig oder körperlich behindert waren und damit dem nationalsozialistischen Rassenideal vom gesunden, kräftigen, blonden Arier nicht entsprochen haben. „Erbkranke" wurden als gesellschaftliche (und damit als wirtschaftliche) Belastung empfunden. Ihnen wurde das Recht auf ein eigenes, anderes Leben, als es der „Arier" führen sollte, abgesprochen. Für sie wurde in der NS-Zeit der Begriff vom „unwerten Leben" geprägt.

**Zu 4:** Euthanasie [griech.; ..leichter Tod"] *die*; 1. Erleichterung des Sterbens bes. durch Schmerzlinderung mit Narkotika (Med.); 2. beabsichtigte Herbeiführung des Todes bei unheilbar Kranken durch Anwendung von Medikamenten (Med.)

(Aus: Duden, Das Fremdwörterbuch, Mannheim, Wien, Zürich 1974, S. 222).

© Ernst Klett Schulbuchverlag Leipzig GmbH, Leipzig 2004.
Alle Rechte vorbehalten. ISBN 3-12-927916-4

Im Euthanasiebefehl Hitlers vom Oktober 1939 heißt es, man solle „die Befugnisse namentlich zu bestimmender Ärzte so … erweitern, dass nach menschlichem Ermessen unheilbar Kranken bei kritischster Beurteilung ihres Krankheitszustandes der Gnadentod gewährt werden kann…". Durch den fragwürdigen Begriff „Gnadentod" verschleierten die Nationalsozialisten ihre Absicht, in mörderischer Weise Frauen und Männer, Kinder und Erwachsene umzubringen, wenn ihr Leben im Sinn der nationalsozialistischen Weltanschauung als „lebensunwert" betrachtet werden konnte.

Tafelbild zur Zusammenfassung des Arbeitsblatts:

### „Volksgemeinschaft" und Außenseiter

| Mitglieder der „Volksgemeinschaft" | Außenseiter |
|---|---|
| – alle Anhänger der Nationalsozialisten<br>– alle Menschen, die unter der Naziherrschaft stillhielten und sich dem herrschenden Ideal (scheinbar) anpassten | – Sinti und Roma<br>– Juden<br>– Homosexuelle<br>– psychisch Kranke<br>– Behinderte<br>– Kommunisten<br>– gläubige Christen<br>– Mitglieder anderer Glaubensgemeinschaften<br>– Regime-Gegner |
| – blieben unbehelligt oder<br>– wurden in ihrer Karriere gefördert | – Unterdrückung<br>– Verfolgung<br>– Ausrottung |

## Der Kampf der Nationalsozialisten gegen die Juden

Das vermeintliche Wissen um die rassische Minderwertigkeit der Juden ist ein zentrales Motiv in Hitlers Weltanschauung. In seiner Vorstellung sah Hitler Arier und Juden als ständige Gegenspieler in einem „Kampf ums Dasein", bei dem der Schwächere nach den Gesetzen der natürlichen Auslese untergehen musste (Sozialdarwinismus). Da Hitler den Ariern als der höherwertigeren Rasse die Herrschaft über die Untermenschen zuerkannte, zugleich aber die Juden als ständige Bedrohung sah, folgt aus seinem Gedankengebäude fast zwangsläufig die Idee der Beseitigung der Juden. Diese vollzog sich in verschiedenen Stufen:
– nach der Machtübernahme 1933: Unterdrückung (Boykott der Geschäfte, Verdrängung aus Beamtenstellen),
– auf Grund der Nürnberger Gesetze 1935: Ausgrenzung aus dem gesellschaftlichen Leben,
– nach der Pogromnacht 1938: Verfolgung und Deportation (Verdrängung aus den meisten Berufen, „Arisierung" jüdischen Vermögens, Pläne zur Zwangsumsiedlung, Deportation in polnische Gettos),
– nach der Wannseekonferenz 1942: Vernichtung (Deportation in Vernichtungslager, Tötung von etwa sechs Millionen Juden bis Kriegsende).

## A 14: „Arier" und Juden

Hitlers Vorstellungen von den rassischen Unterschieden gehen auf ältere Überlegungen z. B. von Housten Stewart Chamberlain und Graf Gobineau zurück. Dieser hatte postuliert, die Menschen seien nicht nur verschiedenartig, sondern verschiedenwertig. Die weiße Rasse sei allen anderen überlegen, sie habe die Hochkulturen geschaffen und besitze deshalb die Legitimation zur Herrschaft über andere geringerwertige Rassen. Außerdem geht Gobineau vom Zusammenhang der körperlichen Merkmale und den charakterlichen Eigenschaften der Menschen aus. Hitler verband diese vorgeformten Rassegedanken mit seinen nationalistischen Vorstellungen und seiner Lebensraumpolitik und stellt diesen Vorstellungen die Prinzipien vom „Führer" und der „Volksgemeinschaft" gegenüber.

**Mögliche Antworten (und Hintergrundinformationen):**
**Zu 1:** Hitler überträgt den biologischen Rassegedanken auf die Menschen. Dabei geht es ihm aber nur um eine pseudowissenschaftliche Begründung der Höherstellung des „Ariers" über die „Semiten". Ein Volk soll – nach Hitler – nur aus „reinrassigen" Mitgliedern bestehen, so muss auch die Warnung vor der „Blutsvermengung des Ariers mit niedrigeren Völkern" verstanden werden.

Stichworte zu den Abbildungen:

*M 3:* Der Jude ist stereotyp gezeichnet (Physiognomie, Bart, Kleidung, Körperhaltung) und ausgestattet (Geld, kommunistische Symbole usw.).

*M 4:* Die Skulptur Brekers zeigt das arische Ideal des Nationalsozialismus: ein (blonder?) Hüne, muskulös, auch durch die Fackel erinnernd an griechische Heldengestalten.

**Zu 2:** Der Arier: Kraft, Stärke, Tapferkeit (aufrechte Haltung), Sauberkeit, der Jude: Schläue, Verschlagenheit, Geldgier, Lüge.

## A 15: Die „Nürnberger Gesetze": Entrechtung und Verfolgung

Einen ersten Höhepunkt erreichte die Unterdrückung der Juden mit dem Erlass der Nürnberger Gesetze nach dem Reichsparteitag 1935. Dabei wurde den Deutschen jüdischen Glaubens die bürgerliche Gleichberechtigung aberkannt. Auf Grund des „Reichsbürgergesetzes" wurde künftig zwischen „Reichsbürgern" und „Staatsangehörigen" unterschieden. Die „Reichsbürger" mussten „deutsches Blut" nachweisen können; sie allein besaßen nun volle politische Rechte. Juden waren als „Staatsangehörige" ab 1935 Bürger zweiter Klasse. Durch das „Gesetz zum Schutz des deutschen Blutes und der deutschen Ehre" waren Mischehen und außerehelicher Verkehr zwischen Juden und „Staatsbürgern" verboten. Das NS-Propaganda-Blatt „Der Stürmer" verbreitete die Inhalte dieser Gesetze propagandistisch anschaulich durch die wiederkehrende stereotype Darstellung von Juden und durch eine entsprechende Berichterstattung.

**Mögliche Antworten (und Hintergrundinformationen):**
**Zu 1:** § 2.1. des Reichsbürgergesetzes regelt die staatsrechtliche Ausgrenzung der Juden. Er ist die Grundlage für die anderen Paragraphen und für das „Gesetz zum Schutz des deutschen Blutes und der deutschen Ehre".
**Zu 2:** Die meisten in Deutschland lebenden Juden verstanden sich in den ersten Jahrzehnten des 20. Jahrhunderts als „Deutsche jüdischen Glaubens". Die Photographie bringt das zum Ausdruck, zeigt sie doch Juden, die für Deutschland in den Ersten Weltkrieg gezogen sind. Als Hintergrundinformation ist wichtig, dass von etwa 1,8 Millionen deutschen Soldaten 100 000 jüdischen Glaubens waren, von denen wiederum 12 000 gefallen sind.

## A 16: Die Pogromnacht 1938

Lange schon heizte eine Propagandawelle im Rundfunk die Stimmung gegen die Juden auf. Die Ermordung des deutschen Gesandten in Paris Ernst vom Rath durch den Juden Herschel Grünspan war dann nur noch der Auslöser für Ausschreitungen gegen die jüdische Bevölkerung in Deutschland, die in der Nacht vom 8. auf den 9. November 1938 auf Befehl Goebbels' begonnen hatten. SA- und SS-Leute zerstörten jüdische Geschäfte, riefen zu Plünderungen auf und misshandelten jüdische Bürger auch körperlich. In vielen deutschen Städten wurden in dieser Nacht Synagogen in Brand gesteckt und jüdische Einrichtungen zerstört. Ca. 30 000 Juden wurden inhaftiert. Offiziell wurde die jüdische Bevölkerung für die dem deutschen Staat angeblich entstandenen Kosten haftbar gemacht, außerdem sollten sie eine „Sühneleistung" von einer Milliarde Reichsmark bezahlen. In Wirklichkeit ging es um die Einziehung jüdischer Vermögen. Da die jüdischen Geschäftsleute keinen Anspruch auf Versicherungsleistungen hatten, standen sie nach dem 9. November 1938 vor dem wirtschaftlichen Ruin. Der Pogrom markiert einen entscheidenden Einschnitt im Umgang mit den Juden: Ab diesem Zeitpunkt gingen auch offizielle Institutionen mit brachialer Gewalt gegen Juden und jüdische Einrichtungen vor.

**Mögliche Antworten (und Hintergrundinformationen):**
**Zu 1:** Das Duden-Fremdwörterbuch definiert Pogrom als „Hetze, Ausschreitungen gegen nationale, religiöse, rassische Gruppen"
(Aus: Duden, Das Fremdwörterbuch, Mannheim, Wien, Zürich 1974, S. 571).
**Zu 2:** Folgende Grafik kann bei der Bearbeitung dieser Frage entstehen:

| von den Nationalsozialisten geschaffene Voraussetzungen | andere Ursachen |
| --- | --- |
| - propagandistische Diffamierung der Juden (z. B. in „Mein Kampf" und „Der Stürmer") | - Ablehnung der als fremd empfundenen jüdischen Mitbürger |
| - Ausgrenzung der Juden<br>  - durch den Boykott von 1933<br>  - die Nürnberger Gesetze<br>  - durch den Terror der Reichspogromnacht | - Hass auf die Juden aufgrund stereotyper Vorurteile |

© Ernst Klett Schulbuchverlag Leipzig GmbH, Leipzig 2004.
Alle Rechte vorbehalten. ISBN 3-12-927916-4

Klett

**Zu 3:**

| Folgen des Novemberpogroms | |
|---|---|
| **für die jüdische Bevölkerung** | **für die nichtjüdische Bevölkerung** |
| – Hunderte von Toten und Verletzten<br>– ca. 20 000 Verhaftungen („Schutzhaft")<br>– Plünderungen jüdischer Geschäfte<br>– Zerstörung jüdischen Eigentums<br>– Zerstörung vieler Synagogen und jüdischer Gemeindeeinrichtungen<br>– Sühneleistung von 1 Milliarde Reichsmark<br>– Verbot für Juden als selbstständige Kaufleute oder Handwerker tätig zu sein<br>– Ausgrenzung der Juden aus dem öffentlichen Leben | – Möglichkeit des Erwerbs jüdischen Besitzes (auch Geschäfte und Betriebe) zu Schleuderpreisen |

Tafelbild zur Zusammenfassung des Arbeitsblatts:

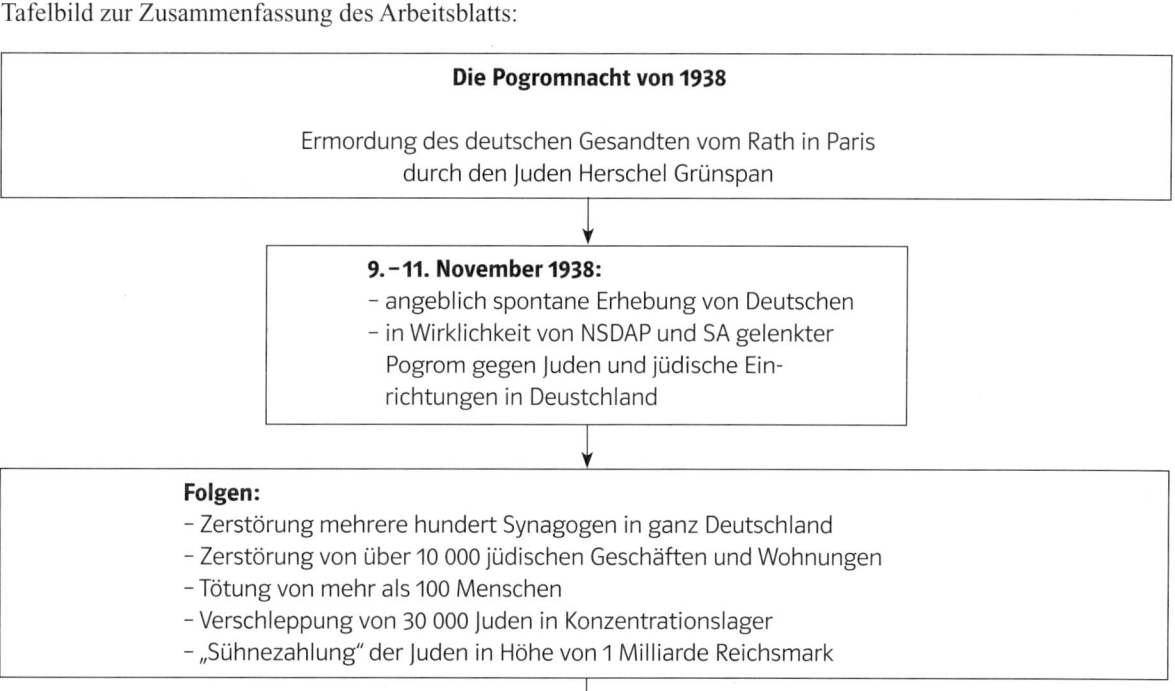

**Die Pogromnacht von 1938**

Ermordung des deutschen Gesandten vom Rath in Paris
durch den Juden Herschel Grünspan

**9.–11. November 1938:**
– angeblich spontane Erhebung von Deutschen
– in Wirklichkeit von NSDAP und SA gelenkter Pogrom gegen Juden und jüdische Einrichtungen in Deustchland

**Folgen:**
– Zerstörung mehrere hundert Synagogen in ganz Deutschland
– Zerstörung von über 10 000 jüdischen Geschäften und Wohnungen
– Tötung von mehr als 100 Menschen
– Verschleppung von 30 000 Juden in Konzentrationslager
– „Sühnezahlung" der Juden in Höhe von 1 Milliarde Reichsmark

**Ergebnis:**
– Vernichtung vieler jüdischer Existenzen (physisch und finanziell)

## A 17: Vernichtung der Juden in Deutschland und Europa

Die Gedanken für eine Vernichtung der Juden sind bereits in „Mein Kampf" nachzulesen. Auch am Tag seiner Machtübernahme hatte Hitler wieder die „Vernichtung der jüdischen Rasse in Europa" (30. Januar 1933) als Ziel bestimmt; andere hohe Parteifunktionäre hatten dieses Ziel immer wieder – teilweise mit Einschränkungen – wiederholt. Mussten die Nationalsozialisten in den ersten Jahren ihrer Herrschaft Juden gegenüber oft zurückhaltender sein, als sie eigentlich wollten, begann mit dem Ausbruch des Zweiten Weltkriegs in der Judenverfolgung eine neue Phase. Im Schutz der vordringenden Truppen konnte die SS fast ungehindert gegen Juden vorgehen. Eine Kontrolle der deutschen Handlungen durch eine internationale Öffentlichkeit war nicht mehr möglich, außerdem konnten die Deutschen gestützt auf die Eroberungen ungehindert im Osten Europas agieren. Schon ab Juni 1941 gab es Erschießungsaktionen im eroberten Teil Russlands, aus dieser Zeit stammt auch der Befehl Himmlers, in Auschwitz Verga-

sungsanlagen bauen zu lassen. Am 31. Juli 1941 beauftragte Göring den Leiter des Reichssicherheitshauptamtes (RSHA) Reinhard Heydrich, alle erforderlichen Vorbereitungen für eine „Gesamtlösung der Judenfrage im deutschen Einflussgebiet in Europa" zu treffen. Die systematische Vernichtung der europäischen Juden wurde unter Heydrichs Leitung auf der Wannseekonferenz (20. Januar 1942) eingeleitet. Dabei referierte Heydrich das geplante Vorgehen, das folgende Punkte umfassen sollte: „Evakuierung aller Juden nach dem Osten", „natürliche Verminderung", „entsprechende Behandlung" der Überlebenden. Von den Anwesenden widersprach niemand, der SS-Obersturmbannführer Adolf Eichmann wurde beauftragt, Konzentrationslager zu Vernichtungslagern auf- und auszubauen und die Transporte zu organisieren.

**Mögliche Antworten (und Hintergrundinformationen):**
**Zu 1:** Hitler weist den Juden die Schuld am Ersten Weltkrieg zu, er will zudem den Eindruck erwecken, dass die Juden die Verantwortung für einen kommenden Krieg übernehmen müssten. Zugleich gibt er damit die Verantwortung von sich an eine klar definierte Gruppe ab.
**Zu 2:** In M 2 spricht Heydrich von einem „Endziel", das „längere Fristen beansprucht" und das er nicht näher bezeichnet. Vorerst sollen alle Juden in eigenen Stadt-

vierteln größerer Städte (Gettos) konzentriert werden (1939, nach Kriegsbeginn). Himmler spricht in M 3 von dem Ziel, die Juden nach Afrika oder in eine Kolonie zwangsauszusiedeln (1940). Die Materialien 4 und 5 zeigen die Konzentrations- und Vernichtungslager bzw. die verschiedenen Winkel, die der Kennzeichnung der Häftlinge dienten (planmäßige Vernichtung der Juden aufgrund der 1942 auf der „Wannseekonferenz" beschlossenen „Endlösung der Judenfrage").
**Zu 4:** Die Kernaussagen dieser Rede lauten:
– Die Juden werden ausgerottet.
– Keiner der Anwesenden wird darüber jemals in der Öffentlichkeit sprechen.
– Die Reichtümer der Juden sind Eigentum des Reichs.
– Die persönliche Bereicherung einzelner wird hart bestraft.
Himmler äußert hier ganz offen, dass die Judenvernichtung auch gegen den Willen einzelner, die einen „anständigen Juden" kennen, durchgeführt werden müsse, um im Krieg nicht zusätzliche Schwierigkeiten durch „Geheimsaboteure, Agitatoren und Hetzer" zu haben. Er weist aber eindringlich darauf hin, dass seine Ausführungen nur für diese hohen SS-Führer, nicht für die Öffentlichkeit bestimmt seien und äußerster Geheimhaltung unterlägen.
**Zu 5:**

### Vernichtung der Juden in Deutschland und Europa

| Diffamierung der Juden in Hitlers „Mein Kampf" (1924) |
|---|

| 1933–1935: Diskriminierung | – Boykott jüdischer Geschäfte<br>– Entlassung der Juden aus dem öffentlichen Dienst |
|---|---|
| 1935–1938: Unterdrückung | – Entrechtung durch die „Nürnberger Gesetze"<br>– Terroraktionen in der Pogromnacht<br>– Berufsverbot für Ärzte, Rechtsanwälte, Wissenschaftler |
| 1938–1941: Verfolgung | – „Arisierung" jüdischer Geschäfte und jüdischen Vermögens<br>– Zwang zur Annahme der jüdischen Vornamen „Sara" und „Israel"<br>– jüdische Reisepässe werden mit einem „J" versehen |
| 1941–1945: Vernichtung | – Juden müssen einen „Judenstern" tragen<br>– Massenerschießungen von Juden im Krieg gegen die Sowjetunion<br>– systematische Vernichtung nach der Wannseekonferenz: Beginn der Massendeportationen und Massenvergasungen |

| Völkermord an ca. 6 Millionen Juden |
|---|

© Ernst Klett Schulbuchverlag Leipzig GmbH, Leipzig 2004.
Alle Rechte vorbehalten. ISBN 3-12-927916-4

Klett

## Die Wirtschaft im Dienst der Aufrüstung

Deutschland war nach 1933 eine Diktatur, das bekam auch die Wirtschaft zu spüren. Für die Nationalsozialisten waren wirtschaftliche Belange untergeordnet, die Wirtschaft stand im Dienst der Propaganda und sollte vor allem den bevorstehenden Krieg vorbereiten. Schon 1936 sprach Hitler davon, dass Deutschland in vier Jahren kriegsbereit sein müsse. Damit waren vor allem verstärkte Rüstungsanstrengungen gefordert, aber auch Versuche, Deutschland von ausländischen Importen unabhängig zu machen. Um von staatlicher Seite Zugriff auf die Wirtschaft zu haben, wurden schon am 2. Mai 1933 die Gewerkschaften und Arbeitgeberverbände entmachtet. Die Löhne sollten nicht mehr von den Tarifpartnern ausgehandelt, sondern im Sinn des NS-Staats von einem staatlichen „Treuhänder der Arbeit" bestimmt werden. Dies hatte zur Folge, dass die Anteile der Löhne am Volkseinkommen stetig sanken. Die realen Stundenlöhne erreichten 1938 das Niveau von 1929, aufgrund der Arbeitszeitverlängerungen blieben aber die realen Wochenlöhne nahezu unverändert.

Mit wirtschaftlichen Erfolgen sollte jedoch auch Propaganda für das Regime gemacht und die Herrschaft der NSDAP gestützt werden. So wurden Arbeitsbeschaffungsmaßnahmen durchgeführt (Reichsarbeitsdienst) und Bauaufträge vergeben, die wirtschaftlich gesehen unrentabel waren (Reichsautobahnen); dies und die Einführung der allgemeinen Wehrpflicht im Mai 1935 beschönigte die Arbeitslosenstatistik, was gerade in der Anfangszeit der NS-Zeit ein wichtiger Aspekt war, konnte man so doch die eigene Herrschaft – nach dem Scheitern zahlreicher Regierungen (zuletzt Brüning, Papen und Schleicher) – öffentlichkeitswirksam legitimieren.

### A 18: Autobahnbau und Reichsarbeitsdienst

Die Einrichtung eines Arbeitsdienstes ist keine Erfindung der Nationalsozialisten. Schon 1931 hatte die Regierung Brüning zur Bekämpfung der Massenarbeitslosigkeit einen freiwilligen Arbeitsdienst eingerichtet, der von Hitler gern übernommen wurde. Bereits 1934 wurde die Arbeitsdienstpflicht für Studenten eingeführt; die Zulassung zu einem Studium war nun von der Ableistung des Dienstes abhängig. Am 26. Juni 1935 wurde für alle Jugendlichen zwischen 18 und 25 Jahren eine halbjährige Arbeitsdienstpflicht eingeführt; für Mädchen war diese aber freiwillig, vor allem wegen fehlender Arbeitsstellen. Erst ab Kriegsbeginn wurden auch weibliche Dienstpflichtige konsequent zum Reichsarbeitsdienst (RAD) herangezogen – vor allem zur Unterstützung im Haushalt und in der Landwirtschaft oder zu karitativen Zwecken. Die Propaganda besagte, dass es sich um „Ehrendienste am deutschen Volke" handelte; die Jugendlichen sollten erkennen, dass der „eigentliche Sinn der Arbeit nicht im Verdienst liegt, den sie einbringt, sondern in der Gesinnung, mit der sie geleistet wird". Männliche Arbeitsdienstleistende wurden vor allem eingesetzt um neues Ackerland zu erschließen oder um beim Bau des Westwalls und der Reichsautobahnen mitzuhelfen.

**Mögliche Antworten (und Hintergrundinformationen):**
**Zu 1:** Abbildung M 1 zeigt ein in Handarbeit fertig gestelltes Autobahnteilstück. Dabei kann man die Mühe der Arbeiter, die zu Niedrigstlöhnen tätig waren, nur erahnen. Das Propagandabild (M 2), das öffentlichkeitswirksam in einem Zigarettenalbum verbreitet wurde, erweckt den Anschein von hoher Frequentierung dieser „Straße des Führers". In Wirklichkeit dienten Autobahnen vorwiegend militär-logistischen Zwecken, da nur wenige Privatleute im Besitz eines Autos war. Zwar konnten sich die Bürger am „Volkswagensparen" beteiligen und über Marken Anrechte auf den von Ferdinand Porsche 1938 entwickelten VW-Käfer erwerben – eine Möglichkeit, von der etwa 330 000 Menschen Gebrauch machten. Doch selbst die 60 000 PKW, die bereits vollständig bezahlt waren, wurden nie ausgeliefert, da das Wolfsburger Volkswagenwerk mit Beginn des Kriegs nur mehr Militärfahrzeuge herstellte.
**Zu 2:** Winkler betont
– die Herkunft der „Autobahn-Idee" aus der Weimarer Republik und
– deren propagandistische Ausnutzung für das NS-Regime.
Der Gesetzestext zeigt die Hintergründe auf: „Reichsarbeitsdienst" als „Ehrendienst am deutschen Volke" (mit allen ideologischen Implikationen). Es ist also keineswegs so, dass das Regime wirtschaftliche Anstrengungen unternommen hätte, um den Deutschen zu Autobahnen zu verhelfen. Diese Sicht ist unhistorisch (aber noch immer ein häufig gebrauchtes Argument für die scheinbar „guten Seiten" des Nationalsozialismus), sie verkennt die vergleichsweise geringen Kosten und den hohen propagandistischen und logistischen Wert der Autobahnen für die Machthaber.

### A 19: Wirtschaftsaufschwung oder großer Bluff?

Die wirtschaftspolitischen Maßnahmen der Nationalsozialisten hatten vor allem das Ziel, die Grundlagen für Hitlers aggressive Außen- und Lebensraumpolitik zu schaffen. Zugleich sollte mit der (scheinbaren) Beseitigung der Arbeitslosigkeit das nationale und internationale Ansehen des Regimes steigen. Diese grundsätzlichen Überlegungen führen zu folgender Beurteilung:
– Im Zentrum der NS-Wirtschaft stand immer die Rüstungswirtschaft.
– Die Versorgung der Bevölkerung mit Konsumgütern war unbefriedigend.
– Der wirtschaftliche Aufschwung wurde mit der Gleichschaltung der Arbeitnehmer- und Arbeitgeberverbände erkauft.

– Wirtschaftliche Erfolge kamen nur der Großindustrie zugute.

– Durch die hohen Rüstungsausgaben stieg die Staatsverschuldung ins Unermessliche.

Insgesamt muss also festgestellt werden, dass Hitler nicht das wirtschaftspolitische Genie war, das viele Zeitgenossen in ihm zu erkennen glaubten, dass seine Wirtschaftspolitik nur Mittel zum Zweck war und selbst im Fall eines gewonnenen Kriegs negativ beurteilt worden wäre.

**Mögliche Antworten (und Hintergrundinformationen):**
**Zu 1:** Die Quellenauszüge machen deutlich, dass alle wirtschaftspolitischen Überlegungen, die von den NS-Oberen angestellt wurden, auf die „Wehrhaftmachung", also auf Kriegsvorbereitung ausgerichtet waren.

**Zu 2:** Das Gesetz förderte staatliche Maßnahmen zur Arbeitsbeschaffung (was mit dazu führte, dass 1936 die Vollbeschäftigung erreicht war), insbesondere in den Bereichen Straßenbau und Hausbau. Dies bedeutet auch ein Zugeständnis an die Industrie, die sich große Aufträge erhoffte, und nun Hitlers Politik aktiv unterstützte. Die Reichswehr erwartete vom Ausbau des Straßen- und Autobahnnetzes strategische Vorteile, die sich während des Krieges aber nicht realisieren ließen; nach wie vor war die Eisenbahn das wichtigste Transportmittel. Insgesamt ist die propagandistische Wirkung dieses Gesetzes unübersehbar.

**Zu 3:** Dieses Gesetz zeigt die Organisation der Wirtschaft nach dem „Führerprinzip"; dessen Regeln gelten nun auch in Industriebetrieben. Konflikte werden dabei unterdrückt, die Handlungsfreiheit (gegenüber den Beschäftigten) erhöht sich.

**Zu 4:** Die Reallöhne steigen in den Jahren 1933 bis 1941, doch erst 1936/37 erreichen sie wieder das Niveau von 1928. Analog dazu steigt aber auch die durchschnittliche Arbeitszeit von 42,9 (1933) auf 49,2 Stunden (1942) pro Woche. Die Arbeitslosenzahl reduzierte sich auf Grund der bekannten Maßnahmen (Gleichschaltung der Verbände, Einführung des Arbeitsdienstes und der Wehrpflicht). Die Karikatur zeigt in pointierter Weise „Hitlers Lösung der Arbeitslosenfrage", markiert dabei aber recht genau die entscheidenden Stationen.

**Die nationalsozialistische Wirtschaftspolitik**

**Charakteristika:**
- neomerkantilistische Kommandowirtschaft
- politische Ziele bestimmen die wirtschaftlichen Ziele
- Schwerpunkt auf der Rüstungsindustrie

**Maßnahmen:**
- Aufhebung der Tarifautonomie
- Preis-/Lohn-Stopp
- staatliches Arbeitsbeschaffungsprogramm: Autobahnbau, Rüstung

**Ziele:**
- Akzeptanz des Regimes durch Beseitigung der Arbeitslosigkeit
- wirtschaftliche Autarkie
- Kriegsvorbereitung

**Finanzierung:**
- Staatsverschuldung
- Reichsarbeitsdienst
- Hoffnung auf künftige Eroberungen

Vorbereitung
eines
Angriffskrieges

- immense Staatsausgaben
- hohe Staatsverschuldung

**siegreicher Krieg als Voraussetzung der Finanzierbarkeit der NS-Wirtschaftspolitik**

## Die nationalsozialistische Außenpolitik

Von Anfang an orientiert sich die nationalsozialistische Außenpolitik an Hitlers Aussagen in „Mein Kampf". Wichtige Schlagworte sind:
– „Gewinnung von Lebensraum im Osten",
– „Errichtung eines Großdeutschen Reiches" (mit dem Anspruch auf Weltherrschaft),
– „Entfernung der Juden",
– Beseitigung des Marxismus,
– Krieg als Mittel zur Durchsetzung der Vormachtstellung der „arischen Rasse".
Die Inhalte der NS-Außenpolitik entspringen demnach nicht aktuellen politischen Erwägungen, sondern sind als Umsetzung längst formulierter weltanschaulicher Denkmuster zu verstehen.

### A 20: Die scheinbar friedlichen Anfänge der NS-Außenpolitik

Die Zeitgenossen sahen in der Außenpolitik des neuen Regimes nach 1933 vor allem revisionistische Ansätze. Diese fanden allgemeine Zustimmung, galt doch der Versailler Vertrag mit seinen Bestimmungen in Deutschland damals allgemein als „Schanddiktat". Außerdem war eine revisionistische Zielsetzung nicht neu: Schon Stresemann wollte (allerdings mit friedlichen Mitteln) eine Revision der Ostgrenzen erreichen, ebenso Papen und Brüning. Die personelle Kontinuität – Außenminister von Neurath blieb bis 1938 im Amt – leistete dieser Sichtweise zusätzlich Vorschub.

### Mögliche Antworten (und Hintergrundinformationen):

**Zu 1:** Die Karte zeigt die Gebiets- und Bevölkerungsverluste Deutschlands aufgrund der Bestimmungen des Versailler Vertrags. Die Schülerinnen und Schüler kannten diese – oder eine ähnliche – Karte, das dahinter stehende Denken war ihnen vertraut: Viele Deutsche lebten gezwungenermaßen in einem anderen Staat, teilweise durch den Versailler Vertrag bestimmt, teilweise aufgrund oder gegen durchgeführte Volksabstimmungen. Dass die nationalsozialistische Regierung gerade diesen Sachverhalt anprangerte und eine Revision der Grenzen verlangte, erschien deshalb nur folgerichtig.

**Zu 2:** Bülows Äußerungen sind von strategischen Überlegungen bestimmt. Er nennt folgende Ziele der deutschen Politik:
*Kurzfristige Ziele:*
– Lösung wirtschaftlicher Probleme,
– enge diplomatische Zusammenarbeit mit England und Italien,
– Beruhigung Frankreichs,
– gutes Verhältnis zu Russland,
– enge diplomatische Beziehungen zu den USA,
– aktive Mitarbeit an allen international behandelten Fragen,
– gemäßigte außenpolitische Erklärungen der Regierung,
– Vermeidung der Provokation des Auslands.
*Langfristige Ziele:*
– Erreichung eines günstigen Kräfteverhältnisses in Europa,
– Thematisierung außenpolitischer Forderungen.

**Zu 3:** Hitler passt seine Aussagen klar an sein Publikum an: In der Ansprache vor den Generälen der Wehrmacht am 3. Februar 1933 nennt Hitler folgende Ziele:
– „Kampf gegen Versailles",
– Aufbau der Wehrmacht zur „Wiedergewinnung der politischen Macht",
– allgemeine Wehrpflicht,
– „Eroberung neuen Lebensraumes im Osten und dessen rücksichtslose Germanisierung".
In der öffentlichen Erklärung vor dem Reichstag vom 17. Mai 1933 betont Hitler den Friedenswillen der deutschen Regierung. Er spricht von:
– Respekt vor den Rechten anderer Völker und
– von dem Wunsch „aus tiefinnerstem Herzen mit ihnen in Frieden und Freundschaft [zu] leben".
Im Hoßbach-Protokoll, der Niederschrift einer nichtöffentlichen Rede Hitlers vor den Oberbefehlshabern der Wehrmacht, ist die Rede von
– „der Gewinnung eines größeren Lebensraumes",
– kriegerischen Verwicklungen,
– der „Niederwerfung" der Tschechei und Österreichs,
– dem Ignorieren der Abmachungen mit Polen.

Tafelbild zur Zusammenfassung des Arbeitsblatts:
(siehe Seite 92)

**Die scheinbar friedlichen Anfänge der NS-Außenpolitik**

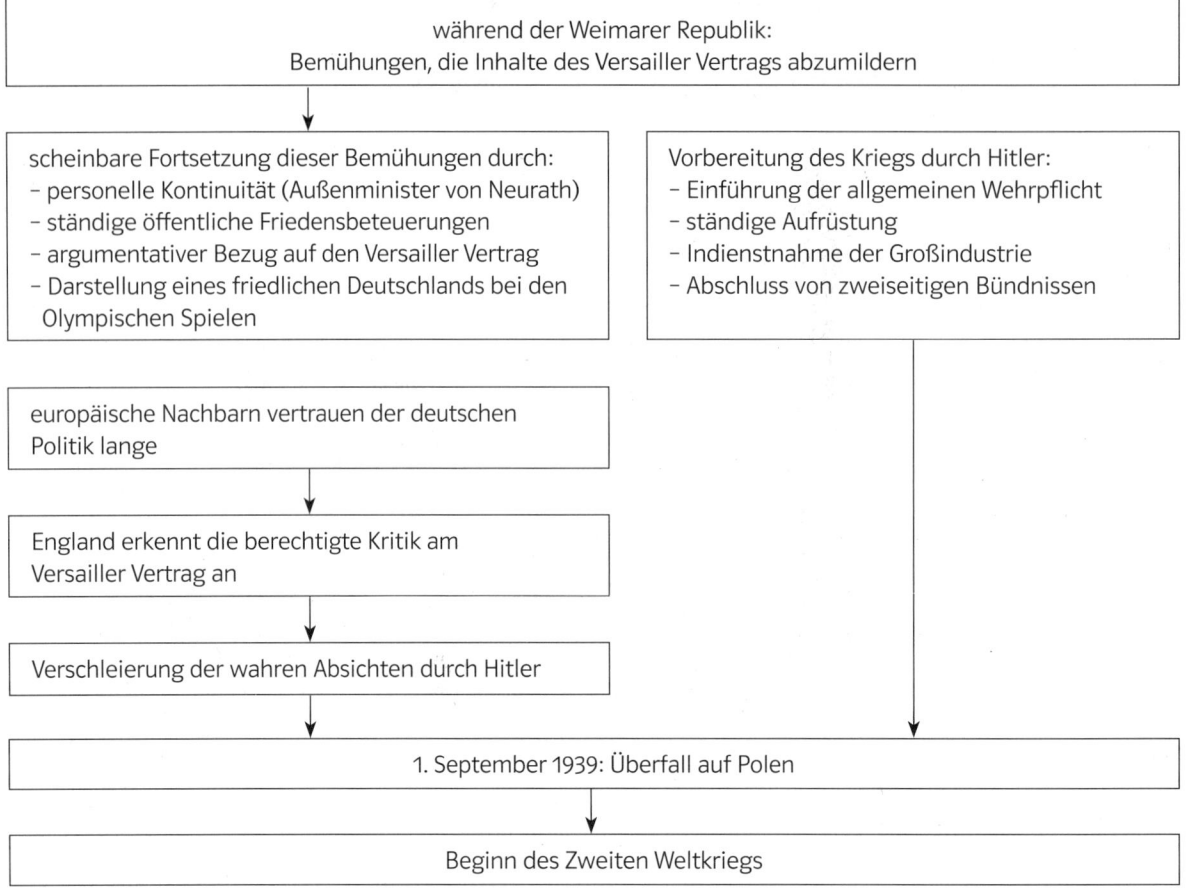

während der Weimarer Republik:
Bemühungen, die Inhalte des Versailler Vertrags abzumildern

scheinbare Fortsetzung dieser Bemühungen durch:
- personelle Kontinuität (Außenminister von Neurath)
- ständige öffentliche Friedensbeteuerungen
- argumentativer Bezug auf den Versailler Vertrag
- Darstellung eines friedlichen Deutschlands bei den Olympischen Spielen

Vorbereitung des Kriegs durch Hitler:
- Einführung der allgemeinen Wehrpflicht
- ständige Aufrüstung
- Indienstnahme der Großindustrie
- Abschluss von zweiseitigen Bündnissen

europäische Nachbarn vertrauen der deutschen Politik lange

England erkennt die berechtigte Kritik am Versailler Vertrag an

Verschleierung der wahren Absichten durch Hitler

1. September 1939: Überfall auf Polen

Beginn des Zweiten Weltkriegs

## A 21: Stationen der Außenpolitik bis 1939

Das Arbeitsblatt listet die außenpolitisch wirksamen Aktivitäten der Nationalsozialisten chronologisch auf. Dabei wird die in der historischen Forschung immer wieder betonte „Zweigleisigkeit" dieser Außenpolitik anschaulich gemacht, die zwischen öffentlichen Friedensbeteuerungen und halböffentlichen oder verdeckten kriegsvorbereitenden Aktionen unterscheidet. Das Arbeitsblatt kann im Unterricht sowohl zur Erarbeitung als auch zur Zusammenfassung bzw. zur Wiederholung eingesetzt werden, evtl. als OHP-Folie.

**Mögliche Antworten (und Hintergrundinformationen):**
**Zu 1:** Die Bezeichnung „zweigleisige Außenpolitik" meint die Strategie Hitlers, öffentlich von Frieden zu sprechen und dabei geheime Kriegsvorbereitungen zu treffen.
**Zu 2:** Die Aufgabenstellung soll ein Gespräch über die verschiedenen Stationen der deutschen Außenpolitik in Gang bringen und die Schüler zu einer fundierten Argumentation anregen.

## A 22: Sudetenkrise und Münchener Abkommen

Im Jahr 1938 war die nationalsozialistische Außenpolitik an einem entscheidenden Punkt angelangt: Nach der „Heimholung Österreichs" forderte Hitler das Selbstbestimmungsrecht für die Sudetendeutschen. Diese deutsche Volksgruppe lebte in einem Gebiet, das zu der 1919 gegründeten Tschechoslowakei gehörte, und fühlte sich Deutschland sehr verbunden. Spannungsgeladen wurde die Situation erst, als die (nationalsozialistische) Sudetendeutsche Partei unter ihrem Führer Konrad Henlein die innerstaatliche Autonomie für die Sudetendeutschen in der ČSR forderte. Das bedrohte zum einen den Zusammenhalt des Gesamtstaates, zum anderen traf es den Lebensnerv der Tschechoslowakei: Die meisten Grenzbefestigungen und der Großteil der Industrie lagen in den von Deutschen besiedelten Randgebieten. Hitler erkannt das Konfliktpotenzial, das der „Sudetenfrage" innewohnte und ließ die Auseinandersetzungen bewusst schüren. Zugleich benützte er die Sudetendeutsche Partei als Außenposten und ermunterte sie, den „Anschluss ans Reich" immer wieder zu fordern. Seinerseits setzte er mit dem Schlagwort vom „Selbstbestimmungsrecht der Völker", das im Versailler Vertrag verankert war, die Westmächte unter Druck .Er drohte sogar mit Krieg. Dies veranlasste den englischen Premierminister Chamberlain, dessen wirtschaftliche Probleme im eigenen Land einem Krieg entgegenstanden, zum Einlenken (Appeasementpolitik). Auf Initiative Mussolinis kam es zu einem Treffen der führenden europäischen Staatsmänner Europas in München, die tschechoslowakische Regierung war allerdings nicht vertreten: Am 29. September 1938 schlossen Daladier (für Frankreich), Chamberlain (für Großbritannien), Mussoloni (für Italien) und Hitler (für Deutschland) das „Münchener Abkommen". Darin wurde Hitler die Annexion des Sudetenlandes zugestanden, er versprach im Gegenzug ein Ende der territorialen Forderungen. Der Frieden in Europa schien noch einmal gerettet, doch Hitler dachte nicht daran, sein Versprechen zu halten. Schon im März 1939 marschierten deutsche Truppen in der sog. „Rest-Tschechei" ein, entmachteten die Regierung und proklamierten das „Protektorat Böhmen und Mähren". Die Regierungen der europäischen Großmächte erkannten, dass sie getäuscht worden waren, ihre Bereitschaft, Hitler weiter nachzugeben um einen Krieg zu vermeiden, war erschöpft.

**Mögliche Antworten (und Hintergrundinformationen):**
**Zu 1:** Die Postkarte stammt aus der Zeit nach dem Einmarsch deutscher Truppen in das Sudetenland. In der Bildmitte ist Hitler unter einer NS-Fahne zu sehen.
Der Führer der Sudetendeutschen Partei Konrad Henlein hatte den Einmarsch deutscher Truppen durch seine Forderungen wesentlich mit herbeigeführt. Seine Taktik bestand darin, auf das Selbstbestimmungsrecht der Völker bestehend immer mehr zu fordern, als die tschechoslowakische Regierung erfüllen hätte können (M 2). Hitler griff diese Taktik auf (M 3) und erreichte schließ-

lich die Zustimmung der europäischen Großmächte zu seinen Plänen (M 7). Diese akzeptierten zum einen den Wunsch nach Selbstbestimmung der Sudetendeutschen, zum anderen ging es ihnen um Friedenssicherung (M 4, M 6). Die tschechoslowakische Regierung musste sich auf englisches und französisches Zuraten den deutschen Forderungen beugen (M 5). Dass durch dieses Zugeständnis der Frieden nicht gerettet werden konnte, zeigte sich im März 1939 beim Einmarsch der deutschen Truppen in die Tschechoslowakei (M 8).
**Zu 2:** Tatsächlich wurden die Deutschen in der Tschechoslowakei unterdrückt und schikaniert, die Aussagen Henleins entbehren nicht jeder Grundlage (M 2). Die Vorfälle wurden aber bewusst hochgespielt, um sie für die nationalsozialistische Propaganda fruchtbar zu machen (M 3).
**Zu 3:** Entwicklung der Sudetenkrise:
– Gründung des Vielvölkerstaates Tschechoslowakei 1919. Entgegen dem Selbstbestimmungsrecht wurde der sudentendeutschen Bevölkerung der Beitritt zum Deutschen Reich verwehrt.
– Keine volle Gleichberechtigung für die Sudetendeutschen in der Tschechoslowakei; dadurch Stärkung der Sudetendeutschen Partei.
– Instrumentalisierung der Sudetendeutschen Partei für die Expansionspläne Hitlers.
– Hitlers Kriegsdrohung gegen die Tschechoslowakei.
– Einlenken Chamberlains. Einberufung der Münchener Konferenz: Annexion des Sudetenlandes durch Deutschland. Bestandsgarantie für die Tschechoslowakei durch die Westmächte.
– (Einmarsch deutscher Truppen in die Tschechoslowakei im Frühjahr 1939.)

Tafelbild zur Zusammenfassung des Arbeitsblatts:

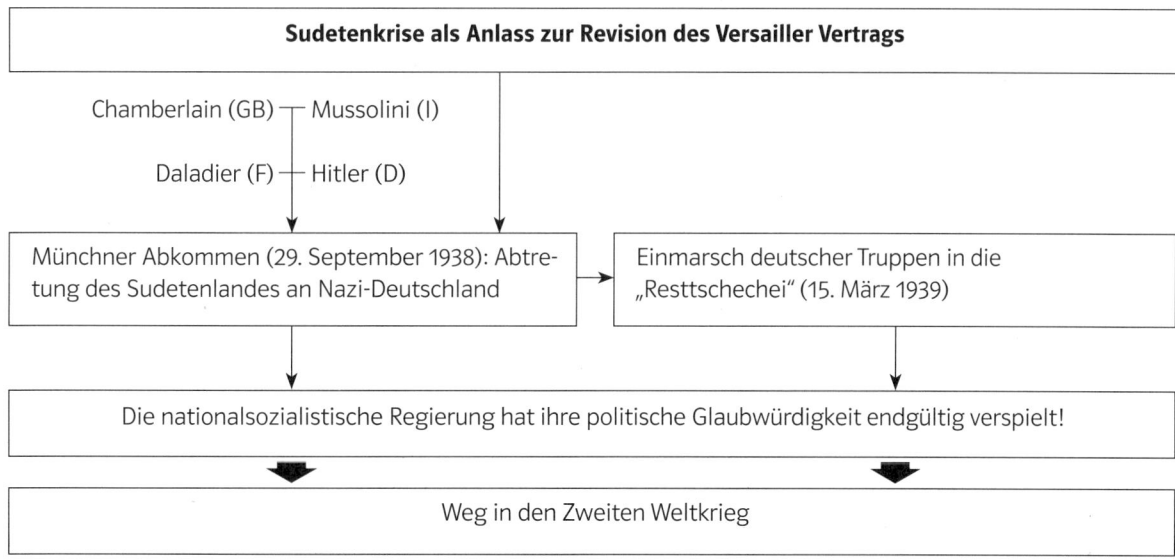

## A 23: Der Hitler-Stalin-Pakt

Der am 23. August 1939 abgeschlossene Nichtangriffspakt mit der Sowjetunion, allgemein bekannt als Hitler-Stalin-Pakt, stieß in aller Welt auf Unverständnis: Was war von diesem Bündnis zweier weltanschaulich so gegensätzlicher Staaten zu halten?
Im offiziellen Vertragstext sind folgende Zielsetzungen genannt:
– gegenseitiger Gewaltverzicht,
– strikte Neutralität, falls ein Vertragspartner durch einen Dritten angegriffen wird,
– Lösung von Problemen untereinander durch Schlichtung.
Der Öffentlichkeit war jedoch die Existenz des „Geheimen Zusatzprotokolls" nicht bekannt, in dem die beiden Diktatoren ihre Interessensphären in Polen und Osteuropa für den Fall festlegten, dass es zu einer „territorial-politischen Umgestaltung" kommen sollte. Als Grenze für eine Teilung Polens wurde die Linie Narew - Weichsel - San bestimmt.
Die Vorteile dieses Abkommens waren für beide Seiten enorm. Stalin hoffte auf
– die Möglichkeit, seinen Machtbereich in Osteuropa ohne Risiko ausdehnen zu können,
– einen Entscheidungskampf zwischen den faschistischen/kapitalistischen Mächten,
– eine Vormachtsstellung der Sowjetunion nach diesem Krieg.
Die deutschen Machthaber profitierten durch:
– Isolation Polens,
– Vermeidung eines Zwei-Fronten-Kriegs,
– Sicherung der Rohstofflieferungen aus der Sowjetunion.

**Mögliche Antworten (und Hintergrundinformationen):**
**Zu 1:** Im deutsch-sowjetischen Nichtangriffspakt ist das Verhältnis der beiden Staaten im Kriegsfall geregelt. Das Bündnis lässt sowohl Hitler als auch Stalin außenpolitisch freie Hand, es regelt jedoch den Umgang der beiden Staaten mit Polen, dessen Aufteilung durch dieses Abkommen wahrscheinlicher geworden ist.
**Zu 2:** Die ideologischen Gegensätze, auch die wechselseitigen persönlichen Diffamierungen der beiden Staatsmänner waren so erheblich, dass niemand das Zustandekommen dieses Vertrags vorausgesagt hätte, insbesondere, da es sich um einen Vertrag handelte, der ohne sichtbare äußere Zwänge geschlossen wurde.
**Zu 3:** Die einzigen gemeinsamen Interessen des stalinistischen und des NS-Regimes lagen in ihrer jeweiligen Handlungsfreiheit und im Umgang mit Polen. Genau dies regelte das „Geheime Zusatzprotokoll".

Tafelbild zur Zusammenfassung des Arbeitsblatts:

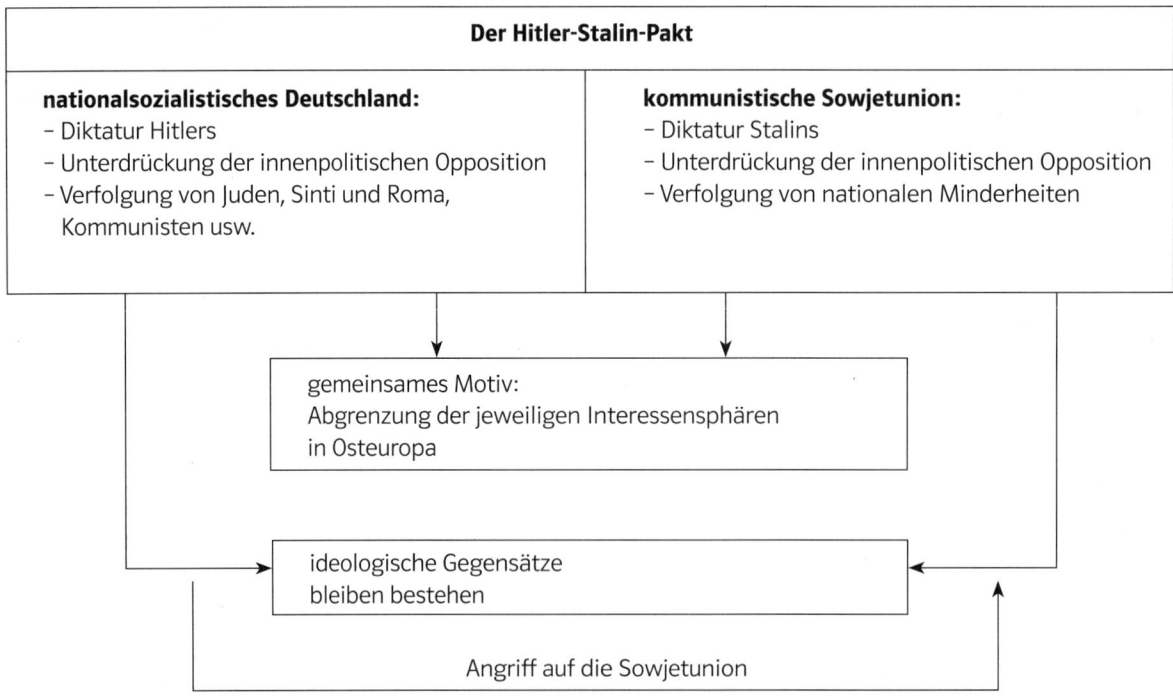

Der Hitler-Stalin-Pakt

**nationalsozialistisches Deutschland:**
- Diktatur Hitlers
- Unterdrückung der innenpolitischen Opposition
- Verfolgung von Juden, Sinti und Roma, Kommunisten usw.

**kommunistische Sowjetunion:**
- Diktatur Stalins
- Unterdrückung der innenpolitischen Opposition
- Verfolgung von nationalen Minderheiten

gemeinsames Motiv:
Abgrenzung der jeweiligen Interessensphären in Osteuropa

ideologische Gegensätze bleiben bestehen

Angriff auf die Sowjetunion

© Ernst Klett Schulbuchverlag Leipzig GmbH, Leipzig 2004.
Alle Rechte vorbehalten. ISBN 3-12-927916-4

## Der Zweite Weltkrieg

Dass Hitler durch kriegerische Aktionen seine Lebensraumpolitik umsetzen wollte, dass er dabei vor allem an die kommunistische Sowjetunion dachte, ging schon aus seiner in „Mein Kampf" dargelegten Weltanschauung hervor. Trotzdem gelang es ihm nach 1933 lang, seine Absichten zu verschleiern, im Geheimen aufzurüsten und Deutschland auf den Krieg vorzubereiten. In der Zeit der „Blitzkriege" schien Hitlers Strategie erfolgreich zu sein: Ein Land nach dem anderen wurde überfallen und besiegt. Die Wende kam erst im Krieg gegen Russland, als der Krieg Deutschlands gegen das übrige Europa durch den Kriegseintritt Japans und der USA zum Weltkrieg wurde. Nun rächte sich die Selbstüberschätzung Hitlers, die deutschen Truppen waren dem Krieg an vielen Fronten nicht mehr gewachsen, die Unterstützung der USA, gerade auch der Sowjetunion, brachte die Wende. Auf den „totalen Krieg" folgte die „totale Niederlage".

### A 24: Der Überfall auf Polen

Hitler arbeitete seit dem Münchener Abkommen verstärkt auf einen Krieg hin. Nach dem Abschluss des Hitler-Stalin-Pakts war für ihn der Weg frei, Polen anzugreifen. Um sein Vorgehen nicht allzu offensichtlich erscheinen zu lassen, wurde ein Vorwand geschaffen: Die SS inszenierte mit Strafgefangenen in polnischen Uniformen einen Überfall auf den deutschen Radiosender Gleiwitz. Hitler erklärte am 1. September 1939 im Rundfunk: „Seit 5.45 Uhr wird zurückgeschossen." Trotz eines englischen Ultimatums war der Krieg nicht mehr aufzuhalten. Deutsche Soldaten standen zu diesem Zeitpunkt schon in Polen, zwei Wochen später kamen sowjetische Soldaten von Osten. In einem Feldzug, der nicht ganz drei Wochen dauerte, war Polen nach verzweifelter Gegenwehr besiegt und aufgeteilt: Der westliche Teil Polens (Posen und Westpreußen) fiel an das Deutsche Reich, der östliche an die Sowjetunion. Der Raum um Warschau, Lublin und Krakau wurde zum „Generalgouvernement" unter deutscher Verwaltung erklärt. Nach dem Sieg über Polen bot Hitler Großbritannien einen „endgültigen Frieden" an. Das hätte aber bedeutet, dass die Weltöffentlichkeit die bestehende Lage anerkennt; dafür bestand aber in Großbritannien keine Akzeptanz mehr. Somit hat Hitler mit dem Überfall auf Polen den Zweiten Weltkrieg entfesselt.

**Mögliche Antworten (und Hintergrundinformationen):**
**Zu 1:** Die Karikatur von David Low aus dem Jahr 1936 zeigt die Einschätzung Hitlers: er macht sich über die europäischen Staatsmänner lustig, die nicht nur vor ihm einknicken, sondern ihm sogar den Weg bereiten: Wiedereinführung der allgemeinen Wehrpflicht, Rheinlandbesetzung, Danzig (das entgegen der Annahme des

Zeichners erst nach dem Überfall auf Polen annektiert wurde) bis hin zur Weltherrschaft. Die Frage- und Ausrufezeichen stehen für die im Jahr 1936 noch unabsehbaren Annexionen Hitlers. Aus späterer Sicht könnten auch sie durch Bezeichnungen ersetzt werden: Österreich, Sudentenland, „Resttschechei", Memelland… waren die weiteren Stationen.

Die Textquellen zeichnen ein uneinheitliches Bild, das jedoch Hitlers „zweigleisiger Außenpolitik" (vgl. A 21) entspricht: Während er in der (öffentlichen) Reichstagsrede von Frieden spricht (M 3), zeigt die (interne) Rede vor den Oberbefehlshabern der Wehrmacht (M 2) Hitlers wirkliche Absicht: die „Vernichtung Polens". Diese kommt auch im Angriffsbefehl (M 4) zum Ausdruck.

**Zu 2:** In der Reichstagsrede vom 1. September 1939 versucht Hitler seine wahren Absichten – Expansion Deutschlands, Vernichtung Polens – zu verschleiern. Er argumentiert mit dem – aufgrund des Versailler Vertrags – problematischen Status der Stadt Danzig und versucht mit diesem Argument, das vielen Menschen einsichtig war, sowie mit der Aussage, dass die Aggression von Polen ausgegangen wäre, die Bevölkerung für seine Pläne einzunehmen bzw. vor dem Ausland sein Gesicht zu wahren.

Betrachtet man Hitlers interne Aussagen zum Krieg gegen Polen und die Beschaffenheit und Ausrüstung der polnischen Truppen, erkennt man den Propagandacharakter der Reichstagsrede.

### A 25: „Blitzkriege" in Europa

Blitzkriege sind im militärischen Sprachgebrauch Kriege, die möglichst kurz und überraschend sein und den Gegner in einer konzentrierten Aktion niederwerfen sollen. Dieser Definition zufolge war der Zweite Weltkrieg zu Beginn eine Folge von Blitzkriegen; dies waren die Stationen:
– Krieg gegen Polen (September 1939)
– Besetzung Dänemarks und Norwegens (April 1940)
– Besetzung der Niederlande, Belgiens und Luxemburgs (Mai 1940)
– Kapitulation Frankreichs und Waffenstillstandsvertrag (Mai 1940)
– Luftschlacht um England (Juli 1940)
– Afrikafeldzug (ab Februar 1941)
– Balkanfeldzug (ab April 1941)
Hitlers Vorstellung war, auch die Sowjetunion mit der Blitzkriegsstrategie niederzuwerfen, was ihm dann allerdings nicht gelungen ist.

**Mögliche Antworten (und Hintergrundinformationen):**
**Zu 1:** Folgende Begriffe sollen in das Arbeitsblatt eingetragen werden:
– September 1939: Krieg gegen Polen
– April 1940: Besetzung Dänemarks und Norwegens
– Mai/Juni 1940: Westfeldzug gegen Frankreich
– April 1941: Balkanfeldzug

– Juni 1941: Krieg gegen die Sowjetunion
– November 1942: Vorstoß nach Südfrankreich
Folgendes Tafelbild kann bei der Bearbeitung der Aufgabe entstehen:

**Zu 2:** Die Schülerinnen und Schüler werden erkennen, dass Hitler beabsichtigte, an vielen verschiedenen Fronten zu kämpfen – und das, wo laufende kriegerische Aktionen noch nicht abgeschlossen waren. Dies zeigt die Selbstüberschätzung Hitlers und lässt am endgültigen Erfolg seiner Feldzüge zweifeln.

| **Belgien, Niederlande:** | – Vermeidung der Aufgabe der Neutralität und Hinwendung zu den Westmächten<br>– möglicher Bündniswechsel Italiens |
| --- | --- |
| **Dänemark, Norwegen:** | – Vermeidung englischer Übergriffe nach Skandinavien<br>– Sicherung der schwedischen Erzvorräte<br>– Schaffung von Militärstützpunkten gegen England |
| **England:** | – Ausschaltung eines Gegners<br>– Ausschaltung Englands als Militärbasis der Alliierten |

## A 26: Der Vernichtungskrieg gegen die Sowjetunion

Der Überfall auf die Sowjetunion („Unternehmen Barbarossa") war zwar von langer Hand vorbereitet, kam aber am 26. Juni 1941 für alle Beteiligten überraschend. Selbst Stalin, der vom britischen und amerikanischen Geheimdienst vorgewarnt wurde, glaubte nicht, dass Hitler (ohne Kriegserklärung) in die Sowjetunion einmarschieren würde. Hitler ging es um die Umsetzung seines ideologischen Programms: Gewinnung von Lebensraum im Osten, Niederringung des Kommunismus, Ausrottung der Juden waren seine Ziele. Der Krieg gegen die Sowjetunion, der ebenfalls als „Blitzkrieg" geführt werden sollte, war von Anfang an nicht nur als militärischer Eroberungsfeldzug, sondern als Weltanschauungs- und Vernichtungskrieg geplant. So wurde die Truppenführung verpflichtet, ohne Rücksicht auf das Völkerrecht Politkommissare der Roten Armee an Ort und Stelle zu erschießen („Kommissarbefehl" vom 6. Juni 1941). Dieser Befehl wurde häufig nicht befolgt, da er bei den hohen Militärs auf Widerstand stieß. Doch den militärischen Verbänden, die aufgrund der Unterstützung durch die Luftwaffe sehr schnell in das sowjetische Territorium vorrücken konnten, folgten Einsatzgruppen der Sicherheitspolizei und des Sicherheitsdienstes der SS. Sie durchkämmten systematisch die eroberten Gebiete und ermordeten „unerwünsch-

te Elemente" wie Juden, kommunistische Funktionäre und „Zigeuner", auch Übergriffe auf die russische Zivilbevölkerung konnten nachgewiesen werden.
Militärisch schienen die deutschen Truppen anfangs durchaus erfolgreich zu sein. Die angestrebte Linie von Leningrad über Moskau bis hin zu den wertvollen Industrie- und Landwirtschaftsgebieten der Ukraine und den Ölfeldern der Kaukasusregion war bald erreicht und Hitler glaubte bereits fest an einen deutschen Sieg. Mit dem Angriff auf Moskau im Oktober 1941 kam der deutsche Vormarsch wegen fehlenden Nachschubs und der einsetzenden Schlammperiode jedoch ins Stocken. Als dann der russische Winter einsetzte, brach die Front ein: Weder die deutschen Soldaten noch ihre Gerätschaften waren für den Winter gerüstet, sodass die sowjetische Armee im Zuge einer im Dezember gestarteten Gegenoffensive die Deutschen weit zurück drängen konnte. Hitler reagierte mit der Entlassung von Generälen und übernahm im Dezember 1941 selbst den Oberbefehl über das Heer. Der nun versuchte Vorstoß zu den kaukasischen Erdölfeldern bei Baku scheiterte bei Stalingrad. Heftige Kämpfe folgten, die Schlacht um Stalingrad wurde zusehends unter ideologischen Gesichtspunkten geführt. Hitler gab Durchhalteparolen aus, doch im Februar 1943 musste die deutsche Armee unter General Paulus kapitulieren. Der Verschleiß der Kräfte und der inzwischen erfolgte Kriegseintritt der USA, die Stalin kostenlos mit Material ausrüsteten,

Arbeitsblätter Geschichte
Der Nationalsozialismus

führten zur völligen Niederlage deutscher Truppen in der Sowjetunion - das Kriegsende war damit praktisch vorweggenommen.

**Mögliche Antworten (und Hintergrundinformationen):**
**Zu 1:** Schon in „Mein Kampf" (M 1) nennt Hitler Russland als Ziel der künftigen deutschen Expansion; dabei steht die Lebensraumpolitik noch im Vordergrund. In der Rede vor den Generälen vom 30. März 1941 (M 2) betont er dann vor allem weltanschauliche Gesichtspunkte:
– Kampf gegen den Bolschewismus/Kommunismus,
– Krieg als Vernichtungskampf,
– territoriale Umgestaltung Ost- und Nordosteuropas.
**Zu 2:** Hitlers Ausführungen kennzeichnen den Krieg gegen die Sowjetunion als einen weltanschaulichen Vernichtungskrieg. Es soll gezielt gegen bestimmte Bevölkerungsgruppen (politische Kommissare der Roten Armee, Angehörige der „Intelligenz"), aber auch gegen „feindliche Zivilpersonen" vorgegangen werden. Das Kriegs- und Völkerrecht wird dabei außer Kraft gesetzt.
**Zu 3:** Der überzeugte Nationalsozialist und Oberbefehlshaber der 6. Armee, Generalfeldmarschall von Reichenau, verschärfte die existierenden Befehle aus eigener Motivation. In seinem Befehl vom 10. Oktober 1941 bezeichnet er den Russlandfeldzug als „Feldzug gegen das jüdisch-bolschewistische System" und nimmt dabei die Soldaten in die Pflicht.
**Zu 4:** Die Quellen berichten von Verbrechen, die dem Kriegsrecht klar entgegen stehen:
– willkürliche Vergeltungsmaßnahmen,
– öffentliche Zurschaustellung von Ermordeten und Hingerichteten,

– Erschießung von jugendlichen Zivilisten aus nichtigen Anlässen,
– Hinrichtungen von alten Männern, Frauen und Säuglingen.
Die Soldaten mussten nicht mit persönlichen Konsequenzen rechnen, wenn sie gegen das Kriegsrecht verstießen. Dies war eher zu befürchten, wenn sie sich entsprechenden Befehlen widersetzten.
**Zu 5:** Der Soldat schildert im seinem Feldpostbrief (M 8) seine hoffnungslose Lage, die von Hunger und Entbehrungen geprägt ist. Hinzu kommt die aussichtslose militärische Situation in Stalingrad, die den Soldaten seinen Tod in Russland ahnen lässt. Die Sowjetunion ruft durch Flugblätter zur Verweigerung des militärischen Gehorsams auf (M 10). Die nationalsozialistische Regierung muss im Februar 1943 in Pressemitteilungen (M 9) die Niederlage eingestehen und zeichnet dabei ein beschönigendes Bild von der Situation der Soldaten.
**Zu 6:** Die deutschen Soldaten haben sich während des Krieges ganz unterschiedlich verhalten. Viele hielten sich an das geltende Kriegs- und Völkerrecht, es gab aber auch solche, die sich darüber hinwegsetzten. Der besonders in den 50er- und 60er-Jahren des 20. Jahrhunderts verbreitete Mythos von der „sauberen Wehrmacht" ist aber so pauschal nicht haltbar, wie man heute weiß. Über die möglichen Beweggründe, die das Verhalten der Soldaten bestimmten, sollen die Schülerinnen und Schüler diskutieren.

Tafelbild zur Zusammenfassung des Arbeitsblatts:

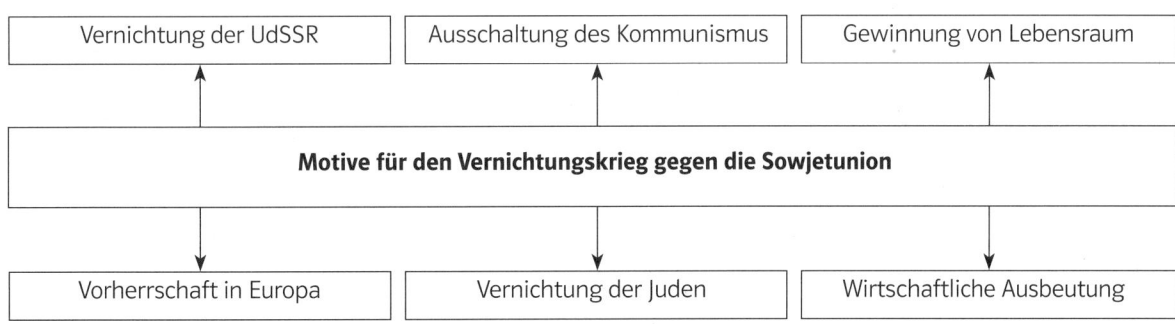

## Der Widerstand gegen den Nationalsozialismus

Widerstand gab es aus beinahe allen Bevölkerungsschichten, trotzdem kann man nicht von einer breiten Widerstandsbewegung sprechen. Es handelte sich meist um kleinere Gruppierungen, die untereinander kaum Kontakt hatten, sich teilweise auch gegenseitig misstrauten. Für die Oppositionellen gab es im nationalsozialistischen Deutschland viele Probleme:
– Sie wurden als Außenseiter gebrandmarkt, die aus der „Volksgemeinschaft" ausscheren wollten. Besonders in der Kriegszeit wollte man aber nicht als „Verräter" gelten.
– Vor allem bei den Militärs, die einen persönlichen Treueschwur auf Hitler abgegeben hatten, kam es zu Gewissenskonflikten.
– Die Oppositionellen befanden sich in der Minderheit.
– Viele Deutsche waren mit den Zielen des Nationalsozialismus einverstanden (wenn auch immer weniger mit den Mitteln).
– Bespitzelung und Terror durch die Gestapo schüchterten viele Menschen ein, auch da man wusste, dass Familienangehörige vor „Sippenhaft" nicht sicher waren.
Neben den in den Arbeitsblättern behandelten Widerstandsgruppen aus den Reihen von KPD und SPD und der Weißen Rose gab es auch Widerstand aus den Reihen der Kirchen, des Militärs und von Jugendlichen wie der Swing-Jugend und den Edelweißpiraten, die sich gegen die Bevormundung und die ständige Gängelung des Regimes auflehnten.
So hat Clemens August Graf von Galen in mehreren Predigten die nationalsozialistische Terrorherrschaft angeprangert und wegen der als „Euthanasie" bekannt gewordenen Massentötungen Anzeige wegen Mordes erstattet. Daraufhin wurde die Tötung von Geisteskranken offiziell eingestellt. Weil Galen in der Öffentlichkeit sehr populär war, blieb er während der NS-Zeit auf freiem Fuß. In der evangelischen Kirche war Martin Niemöller einer der konsequentesten Gegner des Regimes. Er gründete im September 1933 den Pfarrer-Notbund, aus dem später die „Bekennende Kirche" hervorging. Diese wandte sich gegen religionsfeindliche Aktionen des Staates und forderte in einer Denkschrift von 1935 die Auflösung der Gestapo und der Konzentrationslager. Während des Krieges betätigte sich der evangelische Theologe Dietrich Bonhoeffer im Widerstand; er unterhielt Kontakte zur militärischen Opposition um Admiral Wilhelm Canaris. Am 9. April 1945 wurde er gemeinsam mit diesem im KZ Flossenbürg erschossen. In Kreisen des Militärs gab es schon seit der Sudetenkrise 1938 Staatsstreichpläne gegen Hitler. Als der Kriegsverlauf dann zunehmend das drohende Desaster für Deutschland offenkundig machte, stellte sich die Widerstandsgruppe um Generaloberst Ludwig Beck und den ehemaligen Leipziger Oberbürgermeister Carl Goerdeler („Kreisauer Kreis") zwei Ziele: Hitler sollte mit Hilfe des Militärs gestürzt werden und Deutschland eine neue Staatsordnung (Rechtsstaat, christliche Grundlagen, Erb- oder Wahlkaisertum) bekommen. Oberst Graf Schenk von Stauffenberg erklärte sich bereit das Attentat, das den Decknamen „Walküre" trug, auszuführen. Am 20. Juli 1944 war es soweit: Stauffenberg deponierte in Hitlers Hauptquartier „Wolfsschanze" in Ostpreußen eine Zeitzünderbombe, die auch detonierte, Hitler aber nur leicht verletzte. Damit brachen die Staatsstreichpläne in sich zusammen, Stauffenberg wurde noch in der selben Nacht verhaftet und hingerichtet. Auch die anderen Beteiligten wurden vor den Volksgerichtshof gebracht und fast alle zum Tod verurteilt. Hitler nützte die Gelegenheit für eine Abrechnung mit wirklichen oder vermeintlichen Regimegegnern.

### A 27: Widerstand von SPD und KPD

Sozialisten und Kommunisten gehörten zu den ersten Opfern der Nationalsozialisten; ihre Parteien und Organisationen wurden noch im Frühjahr 1933 verboten, Funktionäre und viele Aktive inhaftiert. Deshalb gingen die Anhänger von SPD und KPD schon bald in den Untergrund und bauten Widerstandsgruppen auf. Die bekanntesten Gruppen, in denen Angehörige der Arbeiterschaft organisiert waren, sind:
– die „Rote Kapelle",
– die Gruppe „Roter Stoßtrupp" und
– Neu Beginnen.
Sie alle hatten das Ziel, die Gewaltherrschaft des NS-Regimes durch Flugblätter und Zeitschriften publik zu machen. Die SPD- und Gewerkschaftsführer wie Wilhelm Leuschner und Julius Leber arbeiteten im Untergrund mit bürgerlichen Kräften zusammen. Die „Rote Kapelle", eine Gruppe aus Künstlern, Arbeitern, Professoren und Beamten, die sich um Arvid Harnack, einen Beamten im Reichswirtschaftsministerium, und Harro Schulze-Boysen, einem Luftwaffenoffizier aus dem Reichsluftfahrtministerium, gebildet hatte, versorgte die UdSSR mit Spionagematerial zur Rüstungsproduktion.

**Mögliche Antworten (und Hintergrundinformationen):**
**Zu 1:** Das Zehn-Punkte-Programm und der Handzettel geben im Wesentlichen die gleichen Inhalte wieder, sie bedienen sich nur unterschiedlicher Darstellungsformen: Im Zehn-Punkte Programm werden die Mängel genannt und programmatische Forderungen aufgestellt. Bei dem Handzettel handelt es sich um eine Karikatur, die Inhalte werden überspitzt und bildhaft dargestellt.
**Zu 2:** Die Aufgabenstellung soll anhand der Begriffe eine Reflexion der verschiedenen Formen und Möglichkeiten von Widerstand in Gang setzten.

© Ernst Klett Schulbuchverlag Leipzig GmbH, Leipzig 2004.
Alle Rechte vorbehalten. ISBN 3-12-927916-4

### A 28: „Die weiße Rose": Studenten im Widerstand

Die „Weiße Rose" war eine Widerstandgruppe in München, die überwiegend aus Studenten bestand. Die bekanntesten Mitglieder waren Sophie und Hans Scholl, Alexander Schmorell, Christoph Probst und Willi Graf; sie standen in engem Kontakt zum Münchener Philosophie-Professor Kurt Huber. Die Mitglieder der Gruppe erstrebten vor allem eine Erneuerung moralischer Grundwerte, betonten dabei aber stets, dass die (gewaltsame) Beseitigung des Nazi-Regimes dieser Erneuerung vorausgehen müsse. Die Mitglieder der Weißen Rose verbreiteten ihre Ansichten auf Flugblättern, die auch in Stuttgart, Frankfurt und Mannheim verteilt wurden. Nach einer Verteilungsaktion in der Münchener Universität am 18. Februar 1943 wurden sie festgenommen und im Gefängnis München Stadelheim inhaftiert. Die Kerngruppe wurde zum Tod verurteilt und hingerichtet.

**Mögliche Antworten (und Hintergrundinformationen):**
**Zu 1:** Dieses sechste, das „letzte" Flugblatt der Weißen Rose (von Kurt Huber konzipiert und von Hans Scholl, Schmorell und Graf abgefasst) ist als Reaktion auf die Niederlage der deutschen Wehrmacht bei Stalingrad, aber auch auf eine Rede des Gauleiters zu lesen, die dieser an der Münchener Universität gehalten hatte. Er forderte darin die Studentinnen auf, lieber Kinder in die Welt zu setzten anstatt zu studieren, worauf es in München zu einer ersten großen Demonstration seit 1933 kam. Konkrete Forderungen der „Weißen Rose" sind:
– persönliche Freiheit,
– Freiheit der Wissenschaft und des Denkens,
– Kampf gegen die NSDAP,
– Beseitigung des Hitler-Regimes.
**Zu 2:** Die wesentlichen Vorwürfe lauten:
– Sabotage der Rüstung,
– Sturz der „nationalsozialistischen Lebensform unseres Volkes",
– Propagierung „defätistischer" Gedanken,
– Beschimpfung des „Führers",
– Begünstigung des Feindes und
– Wehrkraftzersetzung.
**Zu Aufgabe M 3:** Willi Graf verabschiedet sich bei seinen Eltern und bereut, was er ihnen angetan hat. In der Sache distanziert er sich keineswegs von den Idealen der Weißen Rose und vom Inhalt des sechsten Flugblattes.

Tafelbild zur Zusammenfassung des Arbeitsblatts:

**politischer Widerstand**
- Wilhelm Leuschner
- Julius Leber
- Rote Kapelle
- Roter Stoßtrupp
- Neu Beginnen

**militärischer Widerstand**
- Wilhelm Canaris
- Ludwig Beck
- Carl Goerdeler
- Oberst Graf Schenk von Stauffenberg

**Widerstand gegen das NS-Regime**

**religiöser Widerstand**
- Clemens August Graf von Galen
- Pastor Martin Niemöller
- Dietrich Bonhoeffer

**Widerstand Einzelner**
- Georg Elser

**jugendlicher Widerstand**
- Swing-Jugend
- Edelweißpiraten
- Weiße Rose

© Ernst Klett Schulbuchverlag Leipzig GmbH, Leipzig 2004. Alle Rechte vorbehalten. ISBN 3-12-927916-4

## Das Ende des „Dritten Reiches"

Kurz nach der Niederlage von Stalingrad und nach der Forderung der Alliierten nach der „bedingungslosen Kapitulation" versuchte Joseph Goebbels in seiner Rede im Berliner Sportpalast vom 18. März 1943 durch die Ausrufung des „totalen Kriegs" noch einmal alle Kräfte zu bündeln. Es erfolgte die völlige Umstellung der Produktion auf Kriegswirtschaft, die Arbeitszeit in den Betrieben wurde erhöht, Mädchen und Frauen wurden zu Verteidigungsarbeiten herangezogen, ein vorgezogenes Notabitur sollte junge Männer für den Kriegsdienst freisetzen, Millionen von Zwangsarbeitern mussten in der Landwirtschaft und der Industrie arbeiten. Doch das Ende der nationalsozialistischen Herrschaft war nur noch eine Frage der Zeit. Die Luftangriffe der Alliierten kamen in immer kürzeren Abständen über die deutschen Großstädte und legten viele in Schutt und Asche. Völlig utopisch klang die Beschwörung des deutschen „Endsiegs" nach der Landung der Amerikaner und Engländer im Juni 1944 in der Normandie. Die Westmächte drangen immer tiefer ins Reich vor, von Osten kam die Rote Armee und eroberte im April 1945 Berlin. Am 30. April beging Hitler im Führerbunker Selbstmord, am 8. Mai kapitulierte die deutsche Wehrmacht bedingungslos.

### A 29: Besetzung und Befreiung

Dieses Arbeitsblatt zeigt schlaglichtartig wichtige Stationen der letzten Kriegsmonate: M 1 zeigt einen Aufruf zum „Volkssturm", bei dem Kindern und alten Männern, die oft nur mit Gewehren ausgerüstet waren, befohlen wurde, den alliierten Vormarsch aufzuhalten. M 2 zeigt ein Propagandaplakat der Alliierten, die gemeinsam das Hakenkreuz, Symbol nationalsozialistischer Macht, auseinander reißen. In M 3 und M 4 sind Aussagen Hitlers zum bevorstehenden Ende des Regimes nachzulesen. Einmal der so genannte Nero-Befehl, mit dem Hitler ganz Deutschland mit in seinen eigenen Untergang nehmen wollte, dann ein Auszug aus seinem politischen Testament, in dem er sich und sein Tun noch einmal zu rechtfertigen sucht. Der Wortlaut der bedingungslosen Kapitulation ist in M 5 nachzulesen, M 6 zeigt eine erste sichtbare Auswirkung der angebrochenen neuen Zeit: Die Entfernung eines nationalsozialistischen Straßenschildes.

Der Titel des Arbeitsblattes geht zurück auf eine Aussage Dwight D. Eisenhowers: Noch kurz vor der deutschen Kapitulation hatte er als Oberbefehlshaber der westalliierten Streitkräfte erklärt, „Deutschland wird nicht besetzt zum Zwecke seiner Befreiung, sondern als ein besiegter Feindstaat". Auch viele Deutsche wussten nichts mit der Situation anzufangen: Worauf hatte man sich einzustellen? Wer waren die fremden Soldaten? Wie würden sie sich verhalten? Entsprachen sie dem Schreckbild, das die Nationalsozialisten von ihnen an die Wand gemalt hatten? Die Monate und Jahre nach dem Mai 1945 zeigten, dass beide Aspekte zutrafen: Deutschland war besetzt und vom NS-Regime befreit. Doch während die Deutschen in den Westzonen Schritt für Schritt zusammengeführt wurden und schließlich die staatliche Souveränität erlangten, blieben die Menschen in der sowjetisch besetzten Zone bis 1989 in einer neuen Diktatur gefangen.

**Mögliche Antworten (und Hintergrundinformationen):**
**Zu 1:** Beide Plakate sind voller Pathos und Dynamik, wie die Fluchtlinien und die Darstellung der Menschen bzw. die zupackenden Arme zeigen. Daraus wird ersichtlich, dass beide Seiten – Nationalsozialisten und Alliierte – den Sieg erringen wollen.
**Zu 2:** Am 19. März 1945 hatte Hitler die Anweisung gegeben, alle militärischen Verkehrs-, Nachrichten-, Industrie- und Versorgungsanlagen zu demolieren, damit sie für die heranrückenden alliierten Armeen nicht mehr nutzbar seien. Dieser so genannte Nero-Befehl ist als letzter Versuch zu werten, die endgültige Niederlage doch noch abzuwenden.
In seinem politischen Testament (M 4) beteuert Hitler noch einmal seinen Friedenswillen und macht – noch immer – die Juden für alles Unglück verantwortlich.
**Zu 3:** Während die Nationalsozialisten versuchten, den Krieg doch noch zu gewinnen oder den Alliierten möglichst wenig Logistik und Sachwerte in die Hände fallen zu lassen, beteiligte sich das deutsche Volk nur noch unter Zwang an den Kämpfen. Mit der Landung der vereinten Streitkräfte in der Normandie war das Ende des „Dritten Reiches" in unmittelbare Nähe gerückt. Die bedingungslose Kapitulation erfolgte erst nach Hitlers Selbstmord und wurde noch so lang wie möglich aufgeschoben, um den Rückzug deutscher Truppen aus den Ostgebieten zu ermöglichen.

© Ernst Klett Schulbuchverlag Leipzig GmbH, Leipzig 2004.
Alle Rechte vorbehalten. ISBN 3-12-927916-4

| | |
|---|---|
| 30. Januar 1933 | Hitler wird Reichskanzler |
| 27./28. Februar 1933 | Reichstagsbrand |
| 21. März 1933 | „Tag von Potsdam" |
| 23. März 1933 | Ermächtigungsgesetz |
| 2. Mai 1933 | Gleichschaltung der Gewerkschaften |
| 20. Juli 1933 | Konkordat mit dem Vatikan |
| 14. Oktober 1933 | Austritt aus dem Völkerbund |
| 26. Januar 1934 | Nichtangriffspakt mit Polen |
| 30. Juni 1934 | so genannter „Röhm-Putsch" |
| 2. August 1934 | Tod des Reichspräsidenten von Hindenburg, Hitler als „Führer und Reichskanzler" |
| 16. März 1935 | Einführung der allgemeinen Wehrpflicht und Aufbau der Wehrmacht |
| 18. Juni 1935 | Deutsch-Britisches Flottenabkommen |
| 15. September 1935 | „Nürnberger Gesetze" |
| 7. März 1936 | Besetzung der entmilitarisierten Zone des Rheinlandes |
| 25.Oktober 1936 | „Achse" Berlin-Rom |
| 25. November 1936 | Antikominternpakt mit Japan |
| 12. März 1938 | Einmarsch deutscher Truppen in Österreich |
| 29. September 1938 | Münchener Abkommen |
| 1. Oktober 1938 | Einmarsch deutscher Truppen ins Sudetenland |
| 9. November 1938 | Reichspogromnacht |
| ab 15. März 1939 | Einmarsch deutscher Truppen in die Tschechoslowakei |
| 22. Mai 1939 | „Stahlpakt" mit Italien |
| 23. August 1939 | deutsch-sowjetischer Nichtangriffspakt („Hitler-Stalin-Pakt") |
| 1. September 1939 | Überfall auf Polen |
| 9. April 1940 | Besetzung Dänemarks und Norwegens |
| 10. Mai 1940 | Beginn des Westfeldzuges |
| 22. Juni 1940 | Waffenstillstand mit Frankreich |
| ab 13. August 1940 | Luftschlacht gegen Großbritannien |
| ab 30. März 1941 | Einsatz des deutschen Afrikakorps unter Rommel |
| ab 6. April 1941 | Krieg gegen Jugoslawien und Griechenland |
| ab 22. Juni 1941 | Krieg gegen die Sowjetunion |
| 11. Dezember 1941 | Kriegserklärung Deutschlands an die USA |
| 20. Januar 1942 | Wannseekonferenz (Beginn der „Endlösung der Judenfrage") |
| 25. Januar 1943 | Roosevelt und Churchill fordern die „bedingungslose Kapitulation" Deutschlands (Konferenz von Casablanca) |
| 2. Februar 1943 | Kapitulation der 6. Armee in Stalingrad |
| 18. Februar 1943 | Goebbels verkündet im Berliner Sportpalast den „totalen Krieg" |
| 18. Februar 1943 | Festnahme der Mitglieder der „Weißen Rose" |
| ab 6. Juni 1944 | Invasion der Alliierten in der Normandie (D-Day) |
| 20. Juli 1944 | Attentat auf Hitler im Führerhauptquartier (fehlgeschlagen) |
| 30. April 1945 | Selbstmord Hitlers |
| 7./8. Mai 1945 | Kapitulation der deutschen Wehrmacht in Reims und Berlin-Karlshorst |

 © Ernst Klett Schulbuchverlag Leipzig GmbH, Leipzig 2004.
Alle Rechte vorbehalten. ISBN 3-12-927916-4 Arbeitsblätter Geschichte | 101
Der Nationalsozialismus |

| Arbeitsblätter Geschichte
Der Nationalsozialismus

© Ernst Klett Schulbuchverlag Leipzig GmbH, Leipzig 2004.
Alle Rechte vorbehalten. ISBN 3-12-927916-4

Arbeitsblätter Geschichte
Der Nationalsozialismus